Contents

Bilingual Reading Comprehension 3, SV 9781419099106

Introduction

The Steck-Vaughn Bilingual Reading Comprehension Series is a welcome resource for bilingual, dual language, and transitional classrooms. Parents, teachers, and students now have access to identical stories and reading comprehension activities in English and Spanish.

Each theme features fiction and nonfiction paired readings, along with reading comprehension activities. The stories, layout, and art are identical in the English and Spanish versions, a feature that many students will easily recognize.

This easy-to-use, all-in-one resource contains
- 6 themes, each with a fiction and nonfiction story
- 12 stories, each with an English and Spanish version
- A variety of comprehension activities, each with an English and Spanish version
- High-interest topics that entertain and engage English and Spanish speakers alike

This book contains a variety of reading comprehension activities. The activities and their page numbers are listed in the chart below.

Skills Correlation Chart

Skill	Pages
Applying Ideas	38, 42
Author's Purpose	54, 58
Classifying	30, 34
Defining Words	29, 33
Elements of Poetry	102, 106, 110, 114
Identifying Fact and Opinion	80, 87
Imagery	92, 97
Making Inferences	6, 10, 13, 17, 21, 25, 29, 33, 70, 74
Noting Details	5, 9, 13, 17, 37, 41, 45, 49, 54, 58, 61, 65, 70, 74
Onomatopoeia	21, 25
Organizing Information	46, 50, 62, 66, 81, 88
Plot	37, 41, 53, 54, 57, 58, 69, 73
Relationships	69, 73
Sequence	14, 18, 46, 50
Setting	37, 41, 53, 57, 69, 73
Similes and Metaphors	93, 98, 102, 106, 110, 114
Text Support	22, 26
Theme	37, 41

Bilingual Reading Comprehension 3, SV 9781419099106

Grandma Moves In

by Jocelyn Sigue

"Let go of it," I scream and pull my video game away from Jeffrey. "You're going to break it."

"Okay, guys, Grandma's here," Dad says, standing in the doorway.

Grandma is moving in. Dad says she needs our help.

She needs help walking. She needs help carrying things. She needs someone to remind her to take her medication.

All of Grandma's stuff is in a big trunk that Dad carries upstairs. It's bigger than my four-year-old little brother, Jeffrey. It's even bigger than me.

Upstairs in her room, Grandma opens up the big trunk. Jeffrey and I sit on her bed to watch her unpack.

I look at the new bedspread. When this was my room, this bed had baseball sheets on it.

She pulls out her things slowly and tells us where to put them. "Three makes the work go faster," she says.

Then she takes out an old quilt. "When I was seven, my grandmother lived with us," Grandma tells us. "She made this quilt. Each square tells a piece of our family's history.

"This square shows me and my grandmother baking. She made the best peach cobbler. Maybe I'll bake one for you tomorrow."

Later I brush my teeth. I think about how strange it will be to sleep in Jeffrey's room.

In the hall, I pass Grandma. She stops me and asks, "Why are you so down, Adam?"

"I don't want to live with Jeffrey. He's going to break my toys," I tell her.

"I'm sorry," Grandma says.

The next day, Grandma is still putting her things away. I pass her room and see her standing on a chair. She is reaching into the closet. I head to my room to be sure Jeffrey's not in my stuff.

Suddenly I hear my name real loud, "ADAM!"

I run to Grandma's room.

I find Grandma grabbing onto the shelf while the chair beneath her wobbles. I give her my hand and help her down. "Grandma, you have to be careful."

"I'm OK. I was just trying to put the quilt on that shelf," she replies.

I pick the quilt up from the floor. "I thought the quilt was in the trunk."

Grandma pulls a rusty key out of her pocket. "I thought of a better use for that old trunk. You can use it to keep your toys where Jeffrey can't get them."

I take the key from her with a smile. "Thanks, Grandma!"

Grandma smiles back, "I can share, too!"

Name _____ Date _____

 Adam wrote a letter to his friend David to tell him what happened. But some words are missing. Complete the letter using words from the Word List. You will not use all the words.

Word List

quilt	walk	key	share	brother	open
toys	break	unpack	keep	Dad	trunk

Dear David,

I hope you're having fun visiting your grandma. Yesterday my grandma moved in with us. She is going to live in our house because she needs help to _____ and to carry things.
                                                    1

At first, I thought I was going to have a problem with my _____. You know how he bothers my stuff
                  2
sometimes. Well, now that Grandma is living with us, I have to _____ a room with him. I was afraid Jeffrey would
              3
_____ my toys. What a problem!
        4

But Grandma helped me solve the problem. She had brought her things in a big _____. She was going to store some of
                              5
her things in it. But instead of doing that, she thought of a better use for it. She said I could _____ my toys in it. And here's
                              6
the best part—she gave me the _____ to the trunk!
                              7
Jeffrey won't be able to _____ it.
                    8

I'll see you in two weeks when you're back.

Your friend,

Adam

Bilingual Reading Comprehension 3, SV 9781419099106

Name _____ Date _____

 How does Adam MOST LIKELY feel when each of these events happens? Write the letter of the feeling on the line next to each event.

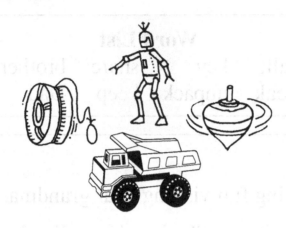

_____ **9.** He watches Grandma unpacking her trunk.

_____ **10.** He walks to his new room to make sure Jeffrey is not bothering his things.

_____ **11.** He sees the new bedspread instead of his baseball sheets.

_____ **12.** He tells Grandma that he thought the quilt was in the trunk.

_____ **13.** He pulls his video game away from Jeffrey.

_____ **14.** He takes the trunk key from Grandma.

A. confused

B. happy

C. curious

D. angry

E. sad

F. worried

Llega la abuelita

por Jocelyn Sigue

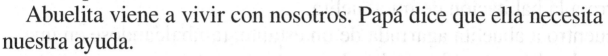

—¡Dámelo! —grito, arrebatándole mi juego de video a Jeffrey—. Me lo vas a romper.

—Chicos, ya llegó su abuelita —dice papá desde la puerta.

Abuelita viene a vivir con nosotros. Papá dice que ella necesita nuestra ayuda.

Necesita ayuda para caminar y para cargar cosas. Necesita que le recuerden la hora de tomar las medicinas.

Todas las cosas de abuelita están en un baúl grande que papá sube por las escaleras. Es más grande que Jeffrey, mi hermanito de cuatro años. Es hasta más grande que yo.

Al subir a su habitación, abuelita abre el enorme baúl. Jeffrey y yo nos sentamos en la cama para verla desempacar.

Miro el nuevo cubrecama. Cuando ésta era mi habitación, la cama tenía sábanas con pelotas de béisbol.

Abuelita saca sus cosas lentamente y nos va diciendo dónde ponerlas.

—Entre los tres es más rápido —dice.

Al final, saca una vieja colcha.

—Cuando yo tenía siete años, mi abuela vivía con nosotros —nos cuenta—. Ella hizo esta colcha. Cada retazo cuenta un pedacito de la historia de nuestra familia.

—En este retazo estamos mi abuela y yo horneando. Ella hacía el mejor pastel de durazno del mundo. A lo mejor les preparo uno mañana.

Más tarde, mientras me lavo los dientes, pienso en lo raro que me voy a sentir durmiendo en la habitación de Jeffrey.

Al salir al corredor me cruzo con abuelita. Ella me para y me pregunta: —¿Por qué estás tan tristón, Adam?

Bilingual Reading Comprehension 3, SV 9781419099106

—No quiero dormir en el mismo cuarto que Jeffrey. Me va a romper todos mis juguetes —le contesto.

—¡Ay, hijo, cuánto lo siento! —dice abuelita.

Al otro día, abuelita sigue guardando sus cosas. Al pasar por su habitación la veo parada sobre una silla, tratando de alcanzar los estantes del armario. Sigo caminando a ver si Jeffrey se está metiendo con mis cosas.

De repente, oigo que me llaman en voz alta: —¡ADAM!

Corro a la habitación de mi abuelita.

Encuentro a abuelita agarrada de un estante, tambaléandose en una silla. Le doy la mano y la ayudo a bajar.

—Abuelita, ¡tienes que tener cuidado!

—Estoy bien. Es que quería poner la colcha en ese estante —me contesta ella.

Recojo la colcha del piso.

—Pensé que la ibas a guardar en el baúl.

Ella saca una llave oxidada del bolsillo.

—Se me ocurrió un mejor uso para ese viejo baúl. Ahí puedes guardar tus juguetes para que Jeffrey no los rompa.

Recibo la llave con una sonrisa.

—Gracias, abuelita.

—Yo también sé compartir —dice ella sonriendo.

Bilingual Reading Comprehension 3, SV 9781419099106

Nombre _____ Fecha _____

 Adam le escribió una carta a su amigo David para contarle lo que había pasado. Pero faltan algunas palabras. Completa la carta usando palabras de la Lista de palabras. No usarás todas las palabras.

Lista de palabras

colcha	caminar	llave	compartir	hermano	abrir
juguetes	romper	desempacar	guardar	papá	baúl

Querido David,

Espero que estés divirtiéndote con tu abuelita. Ayer mi abuelita vino a vivir con nosotros. Va a vivir en nuestra casa porque necesita ayuda para _____ y para cargar cosas.

1

Al principio, yo pensaba que iba a tener un problema con mi _____. Tú sabes cómo a veces se mete con mis cosas.

2
Pues, ya que vive abuelita con nosotros, él y yo tenemos que _____ una habitación. Temía que Jeffrey me iba a

3
_____ mis juguetes. ¡Qué problema!

4

Pero abuelita me ayudó a resolver el problema. Ella había traído sus cosas en un _____ grande. Iba a guardar algunas

5
cosas dentro de él. Pero en vez de hacer esto, se le ocurrió un mejor uso para él. Me dijo que yo podría _____ mis juguetes

6
dentro de él. Y lo mejor de todo—¡me dio la _____

7
del baúl! Jeffrey no lo podrá _____.

8

Nos vemos en dos semanas cuando regreses.

Tu amigo,
Adam

PROBABLEMENTE, ¿cómo se siente Adam cuando sucede cada uno de estos eventos? En la línea junto a cada evento, escribe la letra del sentimiento.

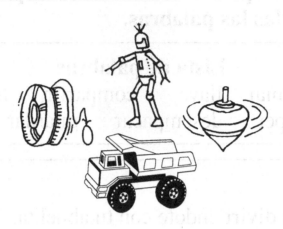

_____ **9.** Mira a abuelita mientras ella desempaca su baúl.

_____ **10.** Camina a su nueva habitación para ver si Jeffrey se está metiendo con sus cosas.

_____ **11.** Ve el nuevo cubrecama en lugar de sus sábanas con pelotas de béisbol.

_____ **12.** Le dice a abuelita que él pensaba que la colcha estaba en el baúl.

_____ **13.** Le arrebata su juego de video a Jeffrey.

_____ **14.** Recibe la llave del baúl de abuelita.

A. confuso

B. contento

C. curioso

D. enojado

E. triste

F. preocupado

Our Adobe House
by George Ancona and Helga Ancona

I'm George Ancona. I travel to take pictures of interesting people. Back in my studio, I make the pictures into children's books. After doing a book in the Southwest, my wife, two of our children, and I decided to move there.

We settled in Santa Fe, New Mexico, and wanted to build a house there. Most houses in the United States are made with wood frames.

But Santa Fe is in a high desert, and wood is hard to come by. People here build with adobe. We decided to build an adobe house.

Adobe

Adobe bricks are made of mud. Pieces of straw are mixed into the mud to hold it together. To make the bricks, wood forms are filled with adobe. Then the form is removed, and the bricks are dried in the sun.

First my wife Helga and I found the land to build on. Then we drew a plan of the house with our friend Nicholas. Nicholas is an architect and builds houses for a living.

Once the plans were right, Nicholas and I laid out the house on the land. The plan told us where to put the stakes and string.

Dave brought his backhoe and dug the hole for the base of the walls. Nicholas put in forms to hold the concrete. We poured in concrete and made it nice and smooth.

Then the adobe walls went up on the concrete base. Brian used mud between the bricks to hold them together. He left spaces for the doors and windows.

Wood beams were used to hold the bricks over the window and door spaces. Sergio, Luke, and Ewan placed a heavy beam on the adobe bricks.

Wood logs called vigas were placed from wall to wall to hold up the roof. Then the roof was nailed onto the vigas.

After the roof was on, a coating called insulation was sprayed on the walls and roof. This helps keep us warm in the winter and cool in the summer.

To celebrate finishing the roof, Ewan placed a small tree on its highest point! Then we invited our neighbors to a party in the unfinished house.

Inside the house, the work went on. Inside walls were covered with plaster. Helga tiled the bathroom. Our son Pablo finished the wood. Marina, our daughter, painted.

Back outside, the walls were covered with chicken wire. The chicken wire held up the gray cement that Sergio put on top of it. In a few days, the cement dried, and he put on a final coat of colored plaster.

The house is finished, and all of our belongings are in. Our house has become a home. Here our family gathers to eat, sleep, play, and laugh!

Name _____ Date _____

✏️ **Complete these sentences.**

1. Houses around Sante Fe, New Mexico, are made of

    adobe because _____.

2. _____ and _____ are the two things
   used to make adobe bricks.

3. _____ is used to hold the mud in adobe bricks together.

4. The purpose of the vigas is to _____

   _____.

5. _____ helps an adobe house stay warm in the winter
   and cool in the summer.

✏️ **For each question, fill in the circle next to the correct answer.**

6. Which of these things is used most when building an adobe house?
   Ⓐ wood   Ⓒ mud
   Ⓑ cement   Ⓓ straw

7. Why did the author most likely write this passage?
   Ⓐ to tell a story about a family in New Mexico
   Ⓑ to explain how an adobe house is built
   Ⓒ to show readers that building an adobe house is a good idea
   Ⓓ to give his opinion about adobe houses

The steps for building the outside of an adobe house are listed below, but they are not in the correct order. Write the numbers 1 through 10 in the boxes to show the correct order. Some of the work has been done for you.

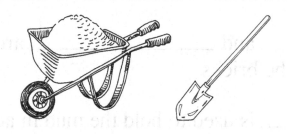

1   Draw a plan of the house.

      Spray insulation on the roof and walls.

      Pour concrete in the forms and make it smooth.

      Place beams to hold the bricks over the spaces for doors and windows.

      In the hole, place forms that will hold the concrete.

6   Build adobe walls on the concrete base.

      Use strings and stakes to mark the plan of the house on the ground.

      Place vigas to hold up the roof; then nail the roof onto the vigas.

      Dig a hole for the base of the walls.

10   Finish the walls using chicken wire, gray cement, and colored plaster.

Nuestra casa de adobe

por George Ancona y Helga Ancona

Soy George Ancona. Viajo para tomar fotografías de gente interesante. Cuando regreso a mi estudio, hago libros para niños con las fotos. Después de hacer un libro en el Suroeste, mi esposa, dos de mis hijos y yo decidimos mudarnos allá.

Una vez en Santa Fe, Nuevo México, construimos una casa. En los Estados Unidos, la mayoría de las casas tienen armazón de madera.

Pero Santa Fe está en un desierto alto y es difícil encontrar madera. Aquí se construye con adobe. Decidimos construir una casa de adobe.

Adobe

Los ladrillos de adobe se hacen con barro. En el barro se mezclan pedacitos de paja para que aguante. Para hacer los ladrillos se echa el barro en un molde de madera. Después se quita el molde y los ladrillos se secan al sol.

Primero, mi esposa Helga y yo encontramos un terreno. Después dibujamos el plano de la casa con nuestro amigo Nicolás. Él es un arquitecto que se gana la vida construyendo casas.

Cuando el plano estuvo listo, Nicolás y yo colocamos el plano de la casa sobre el terreno. El plano nos indicó dónde poner las clavijas y el cordel.

David trajo su excavadora y cavó la zanja para la base de las paredes. Nicolás instaló las formas para echar el concreto. Echamos el concreto y lo alisamos bien.

Bilingual Reading Comprehension 3, SV 9781419099106

Entonces se construyeron las paredes de adobe sobre la base de concreto. Brian pegó los ladrillos con barro, y dejó espacios para las puertas y ventanas.

Colocamos tablones para sostener los ladrillos sobre los espacios de las ventanas y puertas. Sergio, Luke y Ewan pusieron un tablón pesado sobre los ladrillos de adobe.

Colocaron troncos de madera, llamados vigas, de una pared a la otra para sostener el techo. Después clavaron el techo a las vigas.

Después de echar el techo, pusieron una capa de aislante sobre las paredes y el techo. Esto mantiene la casa caliente en el invierno y fresca en el verano.

Para celebrar la terminación del techo, Ewan colocó un arbolito en la parte más alta. Entonces invitamos a nuestros vecinos a una fiesta en la casa a medio terminar.

Dentro de la casa, el trabajo continuó. Cubrieron las paredes interiores con yeso. Helga puso azulejos en el baño. Nuestro hijo Pablo barnizó la madera. Marina, nuestra hija, pintó.

Afuera, cubrieron las paredes con tela metálica. El alambre sostiene el cemento gris que Sergio puso encima. En pocos días, el cemento se secó y Sergio puso la capa final de yeso de color.

La casa está terminada y todas nuestras pertenencias están adentro. Nuestra casa ahora es un hogar. ¡Aquí se reúne nuestra familia para comer, dormir, jugar y reír!

Bilingual Reading Comprehension 3, SV 9781419099106

✏️ **Completa estas oraciones.**

1. Se construyen de adobe las casas cerca de Sante Fe,

   Nuevo México, porque _____.

2. _____ y _____ son las dos cosas que se usan para hacer ladrillos de adobe.

3. Se usa _____ para que aguante el barro en los ladrillos de adobe.

4. Las vigas sirven para _____

   _____.

5. Una capa de _____ ayuda a que una casa de adobe quede caliente en el invierno y fresca en el verano.

✏️ **Para cada pregunta, rellena el círculo junto a la respuesta correcta.**

6. ¿Cuál de estas cosas se usa más en la construcción de una casa de adobe?

   Ⓐ madera   Ⓒ barro

   Ⓑ cemento   Ⓓ paja

7. PROBABLEMENTE, ¿por qué escribió el autor este pasaje?

   Ⓐ para contar un cuento sobre una familia de Nuevo México

   Ⓑ para explicar cómo se construye una casa de adobe

   Ⓒ para mostrar a los lectores que es buena idea construir una casa de adobe

   Ⓓ para ofrecer su opinión acerca de las casas de adobe

Nombre _____ Fecha _____

 Estos son los pasos que se siguen para construir el exterior de una casa de adobe. Pero no están en el orden correcto. Escribe los números de 1 a 10 en los cuadritos para mostrar el orden correcto. Ya se te hizo una parte de la tarea.

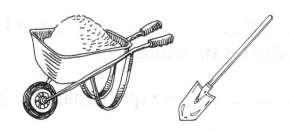

| 1 | Dibujar un plano de la casa.

| ☐ | Poner una capa de aislante sobre el techo y las paredes.

| ☐ | Echar concreto en las formas y luego alisarlo.

| ☐ | Colocar tablones para sostener los ladrillos sobre los espacios de las puertas y ventanas.

| ☐ | Instalar formas en la zanja para echar el concreto.

| 6 | Construir paredes de adobe sobre la base de concreto.

| ☐ | Usar cordel y clavijas para colocar el plano de la casa sobre el terreno.

| ☐ | Colocar vigas para sostener el techo, luego clavar el techo a las vigas.

| ☐ | Cavar una zanja para la base de las paredes.

| 10 | Terminar las paredes usando tela metálica, cemento gris y yeso de color.

Kwasi: A Storysong
by Darrell Cox

Ms. Aleva was passing out a test when she heard a familiar sound.

Tat tat…tat tat tat…tat tat

Kwasi was tapping again! In the market, at home, and even on the bus, his tapping made grown-ups say, "Stop that noise!"

Tat tat…tat tat tat…tat tat

Ms. Aleva looked at Kwasi. "Kwasi, I'm calling your mother tonight." He looked at his shoes and stopped tapping.

When Kwasi got home, Uncle Dimba was there to greet him. Kwasi's uncle had just arrived from the old country.

"Show me a rhythm, Uncle D. Tell me a story of Africa!" begged Kwasi, tugging at the corner of his uncle's *dashiki*. Kwasi always called him Uncle D.

Kwasi's mother was not happy with him. "Your teacher called. She says you've been tapping during class again."

"Sorry, Mom," said Kwasi.

Uncle D. nodded. "Uh-oh, Kwasi, we'll have to do something about that tapping!"

The next day, Kwasi awoke to the smell of fresh sweet potato bread and plantains. He found Uncle D. sitting at the kitchen table. They ate breakfast together. Kwasi drank a tall glass of coconut milk.

Tat tat…tat tat tat…tat tat

"Kwasi, what gets you so excited?" asked Uncle D.

"I don't know," said Kwasi. "I guess I just always hear something beating inside of me."

Uncle D. nodded, "I believe you hear the heartbeat of an African drummer."

Bilingual Reading Comprehension 3, SV 9781419099106

Uncle D. walked to the counter and picked up an empty coffee can with a plastic lid. "Do you hear something like this?" He began drumming, and the sound filled the air.

Kwasi got excited and stood up, "Can I try?"

Uncle D. laughed, "Use this coffee can like an African drum. Try this rhythm."

Doon da doon da doon…Da doon da doon

Then it was Kwasi's turn. At first it was hard for him to follow the rhythm. But the more he tried, the easier it got.

Doon da doon da doon…Da doon da doon

Kwasi could hardly wait to let his mother see his new drum.

He even showed it to Ms. Aleva.

Later Uncle D. showed Kwasi how to put leather on the coffee can to make it like the African djembe drum. And if you listen closely, you can hear Kwasi playing it.

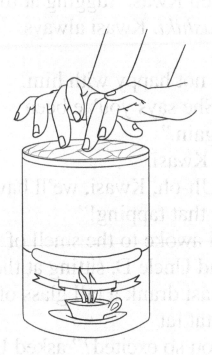

 Which character from the story MOST LIKELY would say each of the following things? For each sentence choose only one character. However, you will choose some of the characters for more than one sentence. Write the letter of the character's name on the line next to each sentence.

_____ 1. "I want to know more about Africa."

_____ 2. "I'm not happy about how you behaved in school."

_____ 3. "You can play this drum instead of tapping."

_____ 4. "I like coconut milk."

_____ 5. "You're disturbing the other students."

_____ 6. "I'm sorry I was tapping."

A. Uncle D.

B. Kwasi

C. Ms. Aleva

D. Kwasi's mother

 Fill in the blanks.

7. This is the sound Kwasi made when he tapped: _____.

8. This is the sound Kwasi made when he played the African djembe

drum: _____.

9. This is a musical instrument that makes a sound I like:

_____. This is the sound that musical instrument

makes: _____.

Name _____   Date _____

In each box, write the letter of the sentence, or group of sentences, from the story that answers the question.

☐ **10.** Which sentence BEST shows that Kwasi's tapping bothered people?

☐ **11.** Which sentence BEST shows that Kwasi loved to spend time with his uncle?

☐ **12.** Which sentence BEST shows that Kwasi had gotten into trouble before for tapping at school?

☐ **13.** Which sentence BEST shows that Uncle D. wanted to help Kwasi with his problem?

☐ **14.** Which sentence BEST shows that Kwasi was excited about learning to play the African djembe drum?

A. "Kwasi, what gets you so excited?" asked Uncle D.

B. Kwasi could hardly wait to let his mother see his new drum.

C. In the market, at home, and even on the bus, his tapping made grown-ups say, "Stop that noise!"

D. "Show me rhythm, Uncle D. Tell me a story of Africa!" begged Kwasi, tugging at the corner of his uncle's *dashiki*.

E. "Your teacher called. She says you've been tapping during class again."

Kwasi: Un cuento canción

por Darrell Cox y Patricia Abello

La señora Aleva estaba repartiendo exámenes cuando oyó un ruido familiar.

Tata tata…tata tata tata…tata

¡Kwasi estaba tamborileando con los dedos otra vez! En el mercado, en la casa, hasta en el autobús, el tamborileo de Kwasi hacía decir a todos: "¡Ya deja de hacer ese ruido!"

Tata tata…tata tata tata…tata

La señora Aleva miró a Kwasi.

—Kwasi, voy a llamar a tu mamá esta noche —dijo.

Kwasi bajó la mirada hacia sus zapatos y dejó de tamborilear.

Cuando Kwasi llegó a su casa, el tío Dimba estaba esperándolo. Su tío acababa de llegar de África.

—Tío D., ¡enséñame un ritmo, cuéntame un cuento de África! —le pidió Kwasi, jalando una punta del *dashiki* de su tío. Kwasi siempre le decía tío D.

Pero la mamá de Kwasi estaba molesta con él.

—Tu maestra llamó. Dice que sigues tamborileando en la clase.

—¡Ay, mamá, lo siento! —dijo Kwasi.

El tío D. movió la cabeza de un lado a otro.

—¡Vaya, vaya, Kwasi, vamos a tener que hacer algo contigo!

Al día siguiente, Kwasi se despertó con el aroma de pan de batata fresco y de plátanos fritos. Encontró al tío D. sentado a la mesa de la cocina. Desayunaron juntos. Kwasi se tomó un vaso grande de leche de coco.

Tata tata…tata tata tata…tata

—Kwasi, ¿qué te pone tan inquieto? —preguntó el tío D.

—No lo sé —dijo Kwasi—. Siempre siento algo que retumba dentro de mí.

El tío D. movió la cabeza de arriba a abajo, como diciendo que sí.

—Creo que oyes los latidos de un tambor africano.

El tío D. se levantó y agarró una lata vacía de café con tapa de plástico.

—¿Será algo así lo que oyes?

Empezó a tamborilear en la lata y el ritmo llenó el aire. Emocionado, Kwasi se paró.

—¿Me dejas hacerlo a mí?

El tío D. se rió.

—Usa esta lata de café como un tambor africano. Trata de tocar este ritmo.

Dun da dun da dun…Da dun da dun

Ahora era el turno de Kwasi. Al principio le costó bastante trabajo llevar el ritmo, pero cuanto más practicaba, más fácil le parecía.

Dun da dun da dun…Da dun da dun

Kwasi corrió a mostrarle el nuevo tambor a su mamá.

Hasta se lo mostró a la señora Aleva.

Más tarde, el tío D. le enseñó cómo ponerle un pedazo de cuero a la lata de café para que quedara como un tambor africano djembe. Y si escuchas con atención, oirás a Kwasi tocar su tambor.

Nombre _____ Fecha _____

✏️ **PROBABLEMENTE, ¿qué personaje del cuento diría cada una de las siguientes cosas? Para cada oración escoge sólo un personaje. Sin embargo, vas a escoger algunos personajes para más de una oración. En la línea junto a cada oración, escribe la letra del nombre del personaje.**

_____ **1.** —Quisiera saber más acerca de África.

_____ **2.** —Estoy molesta con tu conducta en clase.

_____ **3.** —Puedes tocar este tambor en vez de tamborilear.

_____ **4.** —Me encanta la leche de coco.

_____ **5.** —Estás molestando a los otros estudiantes.

_____ **6.** —Me da pena que yo estaba tamborileando.

A. el tío D.

B. Kwasi

C. la señora Aleva

D. la mamá de Kwasi

✏️ **Completa estas oraciones.**

7. _____ es la palabra que indica el sonido que hacía Kwasi cuando tamborileaba.

8. _____ es la palabra que indica el sonido que hacía Kwasi cuando tocaba el tambor africano djembe.

9. _____ es un instrumento musical cuyo sonido me gusta. _____ es una palabra que indica el sonido que hace este instrumento musical.

En cada cuadrito, escribe la letra de la oración, o grupo de oraciones, del cuento que conteste la oración.

10. ☐ ¿Qué oración MEJOR muestra que Kwasi molestaba a la gente cuando él tamborileaba?

11. ☐ ¿Qué oración MEJOR muestra que a Kwasi le encantaba pasar tiempo con su tío?

12. ☐ ¿Qué oración MEJOR muestra que Kwasi había estado en problemas en otras ocasiones porque tamborileaba?

13. ☐ ¿Qué oración MEJOR muestra que el tío D. quería ayudar a Kwasi a resolver su problema?

14. ☐ ¿Qué oración MEJOR muestra que Kwasi se emocionaba con aprender a tocar el tambor africano *djembe*?

A. —Kwasi, ¿qué te pone tan inquieto? —preguntó el tío D.

B. Kwasi corrió a mostrarle el nuevo tambor a su mamá.

C. En el mercado, en la casa, hasta en el autobús, el tamborileo de Kwasi hacía decir a todos: "¡Ya deja de hacer ese ruido!"

D. —Tío D., ¡enséñame un ritmo, cuéntame un cuento de África! —le pidió Kwasi, halando una punta del *dashiki* de su tío.

E. —Tu maestra llamó. Dice que sigues tamborileando en la clase.

26

A Second Birthday
by Lloyd Kajikawa

Janelle and Jason Maetani love to spend Girls' Day and Boys' Day at their grandparents' house. Girls' Day and Boys' Day are Japanese holidays.

Grandma and Grandpa have told Janelle and Jason what families in Japan do on these special days. Now the Maetani family has their own way of making these holidays special.

Girls' Day

Girls' Day is March 3. Japanese families honor their daughters on this day.

They make a display of fifteen special dolls in five rows. The dolls in the top row are the prince and princess. There are also small trees, tables, cups, and screens.

Children don't play with any of the things in the display.

When they get to their grandparents' house on Girls' Day, Janelle helps Grandma put out the doll display. Jason helps, too. The dolls are old and were made in Japan.

Janelle wants to make their display special. Grandma lets Janelle add her favorite dolls.

Janelle thinks this makes the doll display look both Japanese and American—something old and something new!

In the United States, families have parties on holidays. Although this is not common in Japan, the Maetanis have a special dinner on Girls' Day. Before dinner Janelle dresses in a beautiful flowered orange kimono.

Janelle has asked Grandma to make her favorite kind of sushi. Sushi is a Japanese dish. After dinner Grandma and Grandpa give Janelle an envelope filled with money.

Boys' Day

May 5 is Boys' Day. Japanese families honor their sons on this day. They make a display of banners, hero dolls, swords, and helmets. Outside they hang *koi* banners, one for each son.

Koi banners look like fish because *koi* means carp in Japanese. A carp is a fish that is strong and daring.

Later in the year, Janelle and Jason go to their grandparents' house for Boys' Day.

When they get to their grandparents' house, Jason and Janelle help Grandma set out the display. They are very careful because these things are very old.

Then Jason helps Grandpa hang the *koi* banners. There are three banners because there are three grandsons in the Maetani family. One banner is for Jason.

Today the Maetanis will have a special dinner for Boys' Day, just like they did for Girls' Day. Jason dresses in a black kimono for dinner. Both boys and girls wear kimonos.

Today Grandma has made Jason's favorite sushi as part of their special meal. To make this sushi, Grandma rolled fish, vegetables, and rice in seaweed.

After dinner Grandma and Grandpa give Jason an envelope filled with money.

Janelle feels special on Girls' Day. Jason feels special on Boys' Day. It's almost like a second birthday!

Name _____ Date _____

 Draw lines to match the words with what they mean.

1. banner   **A.** a kind of fish

2. sushi   **B.** a food from Japan

3. kimono   **C.** a kind of clothing from Japan

4. *koi*   **D.** a kind of flag made of a long strip of cloth

 On Girls' Day, would the following things happen in Japan, the United States, or in both countries? Write the number of each phrase in the rectangle under the correct country.

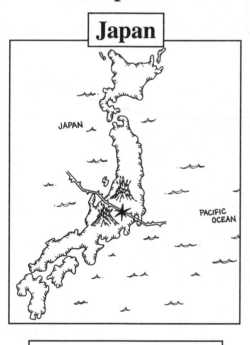

Japan

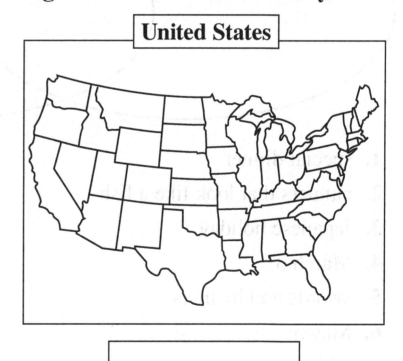

United States

5. A family has a special dinner.

6. A family celebrates Girls' Day on March 3.

7. A family makes a display of special dolls and objects.

8. A girl puts her favorite dolls in the display of old dolls.

Bilingual Reading Comprehension 3, SV 9781419099106

Name _____ Date _____

 If a phrase describes *only* **Girls' Day, write the number of the phrase in the Girls' Day oval. If a phrase describes** *only* **Boys' Day, write the number of the phrase in the Boys' Day oval. If a phrase describes** *both* **Girls' Day and Boys' Day, write the number of the phrase in the middle part where the two ovals overlap.**

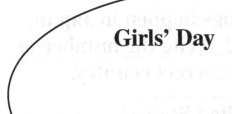 **Girls' Day**   **Boys' Day**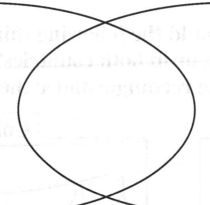

1. special dinner

2. banners that look like a fish

3. Japanese holiday

4. March 3

5. swords and helmets

6. May 5

7. a kimono

8. display full of special objects

9. envelope filled with money

10. prince and princess dolls

Un segundo cumpleaños

por Lloyd Kajikawa

A Janelle y Jason Maetani les encanta pasar el Día de las Niñas y el Día de los Niños en casa de sus abuelos. El Día de las Niñas y el Día de los Niños son fiestas japonesas.

Los abuelos les contaron lo que hacen las familias de Japón en esos días especiales. Ahora la familia Maetani celebra estas fechas a su propia manera.

El Día de las Niñas

El Día de las Niñas es el 3 de marzo. En este día algunas familias japonesas festejan a sus hijas.

Preparan una repisa con quince muñecos especiales en cinco filas. Los muñecos de la fila de arriba son el príncipe y la princesa. También colocan árboles, mesas, tazas y biombos en miniatura.

Pero los niños no pueden tocarlos ni jugar con ellos.

Cuando llegan a la casa de sus abuelos el Día de las Niñas, Janelle ayuda a su abuelita a preparar la repisa. Jason también ayuda. Los muñecos son antiguos y fueron hechos en Japón.

Janelle quiere que su repisa sea especial. Su abuela la deja colocar sus muñecos preferidos.

Janelle piensa que así la repisa se verá un poco japonesa y un poco estadounidense; ¡con algo viejo y algo nuevo!

En los Estado Unidos se celebran los días festivos con comidas y cenas. Aunque esto no es común en Japón, los Maetani preparan una cena especial el Día de las Niñas. Antes de la cena, Janelle se pone un bello kimono anaranjado de flores.

Janelle le pide a su abuelita que prepare el sushi que más le gusta a ella. El sushi es un platillo japonés. Después de la cena, los abuelos le regalan a Janelle un sobre con dinero.

Bilingual Reading Comprehension 3, SV 9781419099106

El Día de los Niños

El 5 de mayo es el Día de los Niños. En este día algunas familias japonesas festejan a sus hijos. Preparan una repisa con banderines, figuritas de héroes, espadas y cascos. Afuera cuelgan un banderín *koi* por cada hijo.

Los banderines *koi* tienen forma de pez porque *koi* significa carpa en japonés. La carpa es un pez fuerte y valiente.

Semanas después, Janelle y Jason van a casa de sus abuelos para celebrar el Día de los Niños.

Cuando llegan a la casa de sus abuelos, Jason y Janelle ayudan a su abuelita a preparar la repisa. Lo hacen con mucho cuidado porque las cosas son muy antiguas.

Después Jason ayuda a su abuelo a colgar los banderines *koi*. Cuelgan tres banderines, porque hay tres nietos en la familia Maetani. Uno de los banderines es por Jason.

Hoy los Maetani harán una cena especial para celebrar el Día de los Niños así como lo hicieron el Día de las Niñas. Jason se pone un kimono negro para la cena. Tanto los niños como las niñas usan kimonos.

Hoy la abuela hizo el sushi preferido de Jason como parte de su cena especial. Para prepararlo, hace rollitos de pescado, verduras y arroz envueltos en algas.

Después de la cena, los abuelos le regalan a Jason un sobre con dinero.

Janelle se siente especial el Día de las Niñas. Jason se siente especial el Día de los Niños. ¡Es casi como un segundo cumpleaños!

Nombre _____ Fecha _____

 Traza líneas para hacer correspondencia entre las palabras y lo que significan.

1. banderín   A. tipo de pez

2. sushi   B. comida de Japón

3. kimono   C. tipo de ropa de Japón

4. *koi*   D. tipo de bandera hecha de una tira larga de tela

 En el Día de las Niñas, ¿sucederían las siguientes cosas en Japón, en los Estados Unidos o en los dos países? Escribe el número de cada frase en el rectángulo debajo del país correcto.

Japón

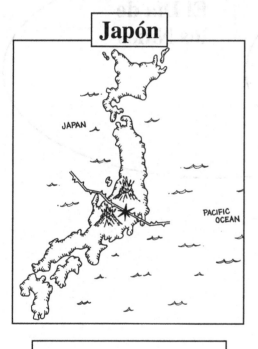

Los Estados Unidos

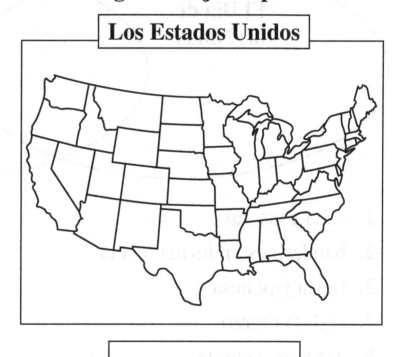

5. Una familia prepara una cena especial.

6. Una familia celebra el Día de las Niñas el 3 de marzo.

7. Una familia prepara una repisa de muñecos y objetos especiales.

8. Una niña coloca sus muñecos favoritos en una repisa de muñecos antiguos.

Si una frase describe *únicamente* El Día de las Niñas, escribe el número de la frase en el óvalo para El Día de las Niñas. Si una frase describe *únicamente* El Día de los Niños, escribe el número de la frase en el óvalo para El Día de los Niños. Si una frase describe El Día de las Niñas y *también* El Día de los Niños, escribe el número de la frase en la parte de en medio, donde los dos óvalos se traslapan.

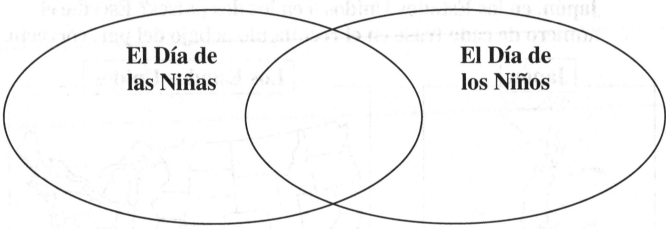

El Día de las Niñas

El Día de los Niños

1. cena especial

2. banderines en forma de pez

3. fiesta japonesa

4. el 3 de marzo

5. espadas y cascos

6. el 5 de mayo

7. un kimono

8. repisa llena de objetos especiales

9. sobre con dinero

10. muñecos en forma de príncipe y de princesa

What Can I Do?

by Patricia Almada

Daniel looked to the right and then to the left. Grandpa was waiting, like every Sunday, with bagels and milk.

Daniel was happy. Sunday school was over, and he could spend the rest of the day with his grandfather. Grandpa Lou gave him a big, Sunday hug.

"We have a lot to do today, *boychik*," said Grandpa, "but first we'll walk to the park for our snack."

"What did the rabbi teach you today?" asked Grandpa.

"We studied *tikkun olam*, Grandpa. I learned that I have to do my part to fix the world somehow," answered Daniel.

Daniel said, "I'm only eight years old.
Tell me, Grandpa Lou,
what can I do?
What can I do
to fix the world
for me and you?"

Grandpa laughed at the rhyme and said, "That's a hard one, *boychik*. Just think and you'll come up with something you can do."

As they walked to the car, Grandpa and Daniel played their usual game. They picked up every piece of paper and trash they could find.

"I won again!" laughed Daniel.

Grandpa and Daniel drove to the city garden where Grandpa planted vegetables and flowers.

Daniel asked,
"Tell me, Grandpa Lou,
what can I do?
What can I do

Unit 3: Earth Heroes

Bilingual Reading Comprehension 3, SV 9781419099106

to fix the world
for me and you?"
Grandpa laughed but did not help at all!

At the garden, Daniel opened up a box and gently put it on the ground. "These ladybugs I found will keep our flowers pretty without spraying bug killer."

"That's a good idea, boychik," nodded Grandpa.

While Grandpa chatted with Mr. Franco, Daniel started pulling weeds and watering.

He looked at Mr. Franco's garden. It was dry and overgrown. Daniel decided to help out. He made both gardens neat and tidy.

"Let's go home and relax," said Grandpa.

"Wait, I need to make one more stop. I've collected some old newspapers. We need to take them for recycling, please!"

On the way there, Daniel asked again,
"Tell me, Grandpa Lou,
what can I do?
What can I do
to fix the world
for me and you?"
Grandpa patted Daniel's head and smiled.
"*Boychik*, you have done
your share today.
I will rest while you
go out and play!"

Name _____ Date _____

 For each question, fill in the circle next to the correct answer.

1. Where does this story take place?
   - Ⓐ in the country
   - Ⓑ in a city
   - Ⓒ at a school
   - Ⓓ at Grandpa Lou's house

2. What is the main reason that Daniel likes Sundays?
   - Ⓐ He goes to a park on Sundays.
   - Ⓑ He goes to Sunday school on Sundays.
   - Ⓒ He takes newspapers for recycling on Sundays.
   - Ⓓ He spends Sundays with his grandpa.

3. What is Daniel's problem?
   - Ⓐ He wants to be older than eight years old.
   - Ⓑ He wants to pick up more trash than his grandpa does.
   - Ⓒ He does not think he can do much to fix the world.
   - Ⓓ He does not want to ask his grandpa to go to the recycling center.

4. What is the theme, or main message, of this story?
   - Ⓐ You can help to fix the world by doing small things.
   - Ⓑ You can get interesting ideas talking to older people.
   - Ⓒ You can fix the world by recycling newspapers.
   - Ⓓ You can do things to help both nature and people.

 Color each picture that is a symbol for something Daniel does to help fix the world. Write an X on each picture that is NOT a symbol for something Daniel does to help fix the world.

Setting / Noting Details / Plot / Theme

Bilingual Reading Comprehension 3, SV 9781419099106

Name _____ Date _____

 Answer these questions.

6. What are the four things Daniel does to help fix the world?

_____

_____

_____

_____

7. What are two things you have done in the past to help fix the world?

_____

_____

8. What are two other things you can do in the next year to help fix the world?

_____

_____

9. What are two things you can do as a grownup to help fix the world?

_____

_____

¿Qué puedo yo hacer?

por Patricia Almada

Daniel miró bien a la derecha y luego a la izquierda. Su abuelito lo esperaba, como todos los domingos, con *bagels* y leche.

Daniel estaba contento. La escuela del domingo ya se había terminado y podía pasar el resto del día con su abuelito. Lou, su abuelito, lo recibió con el fuerte abrazo de los domingos.

—Tenemos mucho que hacer, *boychik*, pero primero vamos a comer al parque —le dijo el abuelito.

—¿Qué te enseñó el rabino? —le preguntó el abuelito.

—Aprendimos sobre *tikkun olam*, abuelo. Aprendí que tengo que ayudar a componer el mundo —le respondió Daniel.

—Apenas tengo ocho años —dijo Daniel, y preguntó:

—Dime, dime abuelito,
¿qué puedo yo hacer
para componer
el mundo un poquito?

El abuelito sonrió al escuchar el verso de Daniel.

—Me preguntas algo difícil, *boychik*, pero si lo piensas bien, pronto sabrás qué hacer —le contestó el abuelito.

Caminaron juntos hacia el carro jugando el mismo juego de siempre. Recogían con cuidado todos los papeles tirados por el parque.

—¡Te gané otra vez! —gritó Daniel.

Enseguida llegaron al huerto en donde el abuelo sembraba verduras y flores. Daniel preguntó otra vez:

—Dime, dime abuelito,
¿qué puedo yo hacer

Bilingual Reading Comprehension 3, SV 9781419099106

para componer
el mundo un poquito?

El abuelito se rió, ¡pero no le dio ninguna idea!

Daniel abrió con cuidado una cajita que llevaba y la puso en la tierra.

—Con estas mariquitas que encontré, las plantas van a estar bonitas sin necesidad de ponerles veneno para bichos.

—¡Qué buena idea, *boychik*! — respondió el abuelito.

Mientras el abuelo conversaba con el señor Franco, Daniel quitó las hierbas y regó las plantas.

Vio que el huerto del señor Franco estaba seco y descuidado. Daniel decidió arreglarlo también. Los dos huertos quedaron limpios y regados.

—Ya vamos a casa a descansar — dijo el abuelito.

—Nos queda una cosa más, abuelo. Junté muchos periódicos para reciclar y quisiera entregarlos hoy, si me haces el favor.

De camino al centro de reciclaje, Daniel preguntó una vez más:

—Dime, dime abuelito,
¿qué puedo yo hacer
para componer
el mundo un poquito?

El abuelito le acarició la cabeza y le dijo sonriendo:

—*Boychik*, ya has hecho
bastante por hoy.
Tú vete a jugar.
¡Que yo me voy a descansar!

Bilingual Reading Comprehension 3, SV 9781419099106

Nombre _____ Fecha _____

 Para cada pregunta, rellena el círculo junto a la respuesta correcta.

1. ¿Dónde sucede este cuento?

Ⓐ en el campo Ⓒ en una escuela

Ⓑ en una ciudad Ⓓ en la casa de abuelito Lou

2. ¿Cuál es la razón principal por la que a Daniel le gustan mucho los domingos?

Ⓐ Los domingos él va al parque.

Ⓑ Los domingos él va a la escuela del domingo.

Ⓒ Entrega periódicos al centro de reciclaje los domingos.

Ⓓ Pasa los domingos con su abuelito.

3. ¿Cuál es el problema de Daniel?

Ⓐ Quiere ser mayor de ocho años de edad.

Ⓑ Quiere recoger más papeles tirados que su abuelito.

Ⓒ No cree que pueda hacer muchas cosas para componer el mundo.

Ⓓ No quiere pedirle a su abuelito que lo lleve al centro de reciclaje.

4. ¿Cuál es el tema, o idea principal, de este cuento?

Ⓐ Uno puede hacer cosas menores para ayudar a componer el mundo.

Ⓑ Uno puede aprender ideas interesantes hablando con personas mayores.

Ⓒ Uno puede componer el mundo reciclando periódicos.

Ⓓ Uno puede hacer cosas que ayuden tanto a la naturaleza como a la gente.

 Colorea cada dibujo que sea símbolo para algo que hace Daniel que ayuda a componer el mundo. Escribe una X̲ en cada dibujo que NO sea símbolo para algo que hace Daniel que ayuda a componer el mundo.

Setting / Noting Details / Plot / Theme

Bilingual Reading Comprehension 3, SV 9781419099106

Nombre _____ Fecha _____

 Contesta estas preguntas.

6. ¿Cuáles son las cuatro cosas que hace Daniel para ayudar a componer el mundo?

_____

_____

_____

7. ¿Cuáles son dos cosas que hiciste tú en el pasado para ayudar a componer el mundo?

_____

_____

8. ¿Cuáles son dos cosas que puedes hacer el próximo año para ayudar a componer el mundo?

_____

_____

9. ¿Cuáles son dos cosas que puedes hacer cuando seas grande para ayudar a componer el mundo?

_____

_____

The Sugar Bush

by Winona LaDuke and Waseyabin Kapashesit

Aaniin. That means hello. My name is Waseyabin. I live in the big woods, in the forest.

My people call themselves Anishinaabeg. Others call us Ojibwe or Chippewa. We live in the Great Woods in Minnesota, Wisconsin, Michigan, Ontario, and Manitoba. My family lives on the White Earth Reservation in northern Minnesota.

Our forests are important to us. The forests are part of our history and our way of life. We get our food, medicine, and basket materials from them. You can see the forest flowers in my mother's beadwork.

A hundred years ago, our forests were cut down. Strangers sold the wood to make money. Without our forests, my people were sad and lonely for our trees.

My people bought the land and let the trees grow again. It took 50 years for our trees to grow strong and tall again. Now our forests are back.

100 Years Ago

Today

One part of our forest is the sugar bush. The sugar bush is full of maple trees that stand tall in the forest.

Maple trees have a special gift—their sweet sap. Sap is the juice that comes up from a tree's roots to its leaves each spring. We use the sap to make syrup and sugar.

My people long ago learned to tap maple trees for sap. In the early spring, we put taps into the trees to catch the sap. We catch the sap in blue bags and then pour it into buckets.

My friend Ashley and I carry the buckets and pour them into big tanks in the woods. We love the smell of spring in the woods and the sweet taste of fresh sap!

Our friend Pat drives our wagon and team of big work horses to pick up the sap. Our horses are named Aandeg and Rosebud.

Then our friend Ronnie boils the sap on a big stove. The sap keeps boiling until it turns into syrup. It takes almost forty gallons of sap to make one gallon of maple syrup!

When we're done, we have a big feast. We thank the sugar bush for the syrup. Then we eat! We like our syrup on wild rice pancakes. *Akina minopogwad*! It tastes good!

My mother taught me that you can only cut down a forest once. But if you leave it standing, you can walk through it and taste its sweetness year after year.

We choose to make maple syrup every year in the sugar bush, just like my great-great-grandparents did.

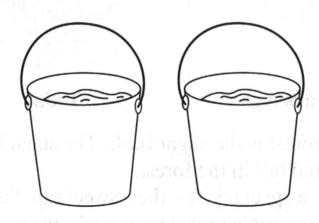

Use information in the passage to decide whether each sentence is true or false. Circle T if the sentence is true or F if it is false.

T F   **1.** Waseyabin's family lives in the state of Wisconsin.

T F   **2.** Waseyabin's mother gets ideas for her beadwork from things she sees in the forests.

T F   **3.** A long time ago the Anishinaabeg people sold wood from their forests.

T F   **4.** The Anishinaabeg people could not make maple syrup for over a hundred years.

T F   **5.** In the spring, a maple tree's sap goes from its roots to its leaves.

T F   **6.** The Anishinaabeg people make maple syrup in the summer.

T F   **7.** A lot of maple syrup can be made from a small amount of sap.

T F   **8.** Waseyabin's family sells all of the maple syrup they make.

Name _____ Date _____

✏️ **This graphic organizer shows information from the passage. Read the graphic organizer. Then answer the questions.**

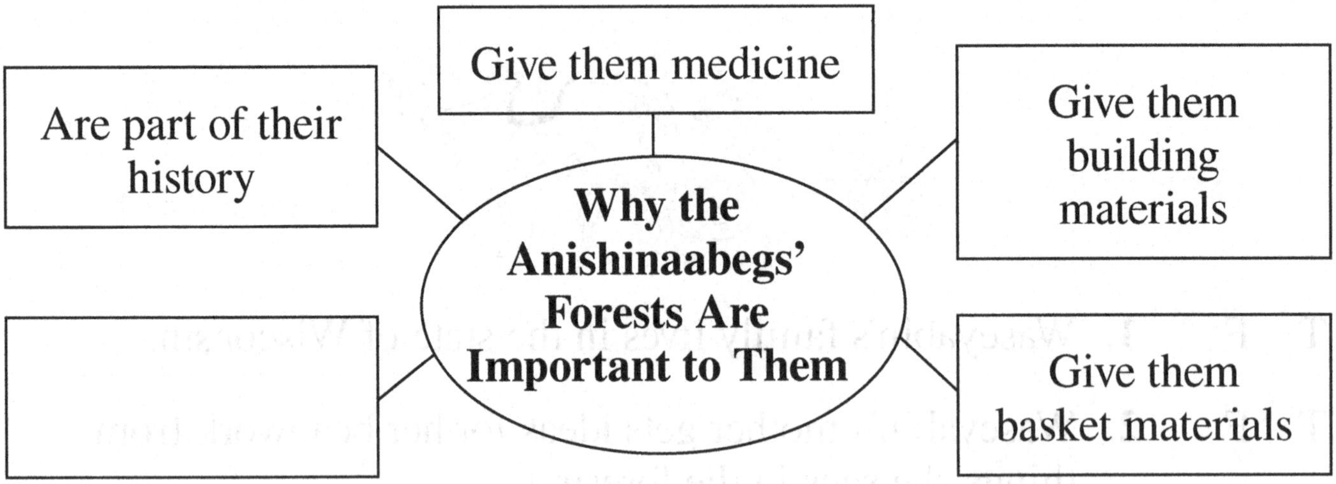

Are part of their history	Give them medicine	Give them building materials

Why the Anishinaabegs' Forests Are Important to Them

	Give them basket materials

9. Which information in the web should NOT be there?

_____

10. Which information is missing from the web? *(Hint:* What else do the forests provide the Anishinaabeg people?)*

_____

✏️ **Write the numbers 1 through 6 in the blanks to show the correct order of the steps for making maple syrup.**

11. ____ Pour sap from buckets to big tanks.

____ Put taps into maple trees.

____ Boil sap until it turns to syrup.

____ Let sap flow into bags.

____ Take tanks full of sap to a big stove.

____ Pour sap from bags to buckets.

El bosque de miel

por Winona LaDuke, Waseyabin Kapashesit y Antonia Ramos

Aaniin. Así decimos "hola". Yo me llamo Wasebayin y vivo en los grandes bosques.

Nosotros nos llamamos anishinaabeg. Otros nos llaman ojibwe o chippewa. Vivimos en los grandes bosques de Minnesota, Wisconsin, Michigan, Ontario y Manitoba. Mi familia vive en la reserva White Earth, en el norte de Minnesota.

Nuestros bosques son muy importantes para nosotros. Los bosques son parte de nuestra historia y de nuestra vida. Nos dan alimentos, medicinas y materiales para tejer canastas. En el bordado de cuentas de mi madre se ven las flores del bosque.

Hace cien años, cortaron nuestros bosques. Gente de afuera vendió la madera para ganar dinero. Sin los bosques, nuestro pueblo se sentía triste y extrañaba los árboles.

Hace cien años

Ahora

Nuestro pueblo compró los terrenos y dejó crecer los árboles de nuevo. Se necesitaron cincuenta años para que los árboles volvieran a ser grandes y fuertes. Ahora de nuevo tenemos bosques.

En los bosques hay una parte que llamamos el bosque de miel. Ahí crecen unos arces de azúcar muy altos.

Los arces nos ofrecen un regalo especial: su dulce savia. La savia es el jugo que sube de las raíces de un árbol a sus hojas cada

Bilingual Reading Comprehension 3, SV 9781419099106

primavera. Con la savia del arce hacemos miel de arce y azúcar.

Hace mucho tiempo que mi pueblo aprendió a recoger la savia del arce. Cuando llega la primavera, ponemos unos cañitos en los árboles y por ahí sale la savia. La recogemos en bolsas de plástico azules y después la echamos en cubetas.

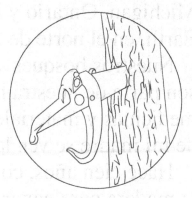

Mi amiga Ashley y yo llevamos las cubetas hasta unos grandes tanques que hay en el bosque, y ahí echamos la savia. ¡Nos encanta el olor de la primavera en el bosque y el dulce sabor de la savia fresca!

Nuestro amigo Pat va a recoger la savia en la carreta de caballos. Los caballos son grandes y fuertes, y se llaman Aandeg y Rosebud.

Después nuestro amigo Ronnie pone a hervir la savia en una gran estufa. La savia hierve y hierve hasta que se vuelve miel de arce. ¡Se necesitan casi cuarenta galones de savia para hacer un galón de miel de arce!

Cuando la miel de arce está lista, hacemos un gran festín. Le damos las gracias al bosque de miel y luego comemos. Nos encantan las tortas de arroz silvestre con miel de arce. *¡Akina minopogwad!* ¡Qué rico!

Mi madre me enseñó que un bosque sólo se puede cortar una vez. Pero si lo dejamos en paz, podemos caminar por él y gozar de su dulzura año tras año.

Nosotros hacemos miel de arce todos los años en el bosque de miel, tal como lo hacían mis tatarabuelos.

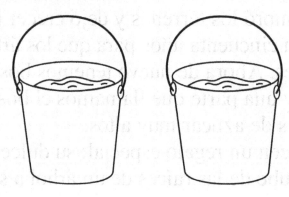

Bilingual Reading Comprehension 3, SV 9781419099106

Nombre _____ Fecha _____

 Usa datos del pasaje para decidir si cada oración es cierta o falsa. Encierra en un círculo la C si la oración es cierta y la F si es falsa.

C F   **1.** La familia de Waseyabin vive en el estado de Wisconsin.

C F   **2.** Al ver la madre de Waseyabin cosas en los bosques, se le ocurren ideas para el bordado de cuentas que ella hace.

C F   **3.** Hace mucho tiempo el pueblo anishinaabeg vendió la madera de sus bosques.

C F   **4.** El pueblo anishinaabeg no pudo hacer miel de arce durante más de cien años.

C F   **5.** En la primavera la savia de un arce va de sus raíces a sus hojas.

C F   **6.** El pueblo anishinaabeg hace miel de arce en el verano.

C F   **7.** De una pequeña cantidad de savia se puede hacer una gran cantidad de miel de arce.

C F   **8.** La familia de Waseyabin vende toda la miel de arce que ellos hacen.

Nombre _____ Fecha _____

✏️ **Este organizador gráfico representa información del pasaje. Lee el organizador gráfico. Luego contesta las preguntas.**

| Son parte de su historia | Les dan medicina | Les dan materiales para construcción |

Por qué los bosques son importantes para los anishinaabeg

Les dan materiales para tejer canastas

9. ¿Cuál información que se ve en el organizador gráfico NO debe estar en él?

_____

10. Al organizador gráfico, ¿cuál información le falta? *(Pista: ¿Cuál es otra cosa que les dan los bosques a los anishinaabeg?)*

_____

✏️ **No están en el orden correcto los pasos a seguir para hacer la miel de arce. Escribe los números de 1 a 6 en los cuadritos para mostrar el orden correcto.**

11. _____ Echar en grandes tanques la savia que está en cubetas.

_____ Poner cañitos en los arces.

_____ Hervir la savia hasta que se vuelve miel de arce.

_____ Dejar que la savia salga y caiga en bolsas.

_____ Llevar tanques llenos de savia a una gran estufa.

_____ Echar en cubetas la savia que está en bolsas.

Hooray for *Midsommar*!

by Mary Lindeen

School was out for the summer. The days were getting hotter. Olivia Larson liked summer because she could drink lemonade and walk barefoot in the grass. The summer sun made Olivia's black hair hot.

Olivia was the only one in her family with black hair. Everyone else in her family was a Swedish American. Olivia wasn't.

Olivia was adopted. She was born in Korea, and she came to live in Iowa when she was just a baby. Olivia didn't know much about Korea, but she knew that no one there had blond hair like her brother's.

Olivia knew about Swedish things, like *Midsommar.* On June 21, her whole town would sing and dance for the Midsommar festival. Right now, everyone was getting ready for the festival.

Grandpa was teaching Olivia and her brother a Swedish song. Olivia liked to shout *hallå* as loud as she could because Grandpa told her it meant hooray!

In summer the sun shines so clearly.
We walk through the meadows so cheerily,
And no one is tired or weary,
We sing the day away. *Hallå!* Hooray!

Every year a different family carried the big maypole to the center of the town square. This year it was the Larson family's turn.

Olivia was worried about carrying the maypole with her family. She was Korean, not Swedish. Did she belong to the festival?

She asked Grandpa. "Will I help carry the pole? I'm not Swedish. I have black hair."

Grandpa Oscar smiled. "You don't have to be Swedish to carry the maypole. Your hair will look pretty with flowers in it." Grandpa always made Olivia feel better.

On the day of the Midsommar festival, everyone was busy getting things ready. Some people were decorating the tall maypole with flowers and leaves and ribbons. Others were setting up chairs in the town square.

Children were taking turns turning the crank of the old-fashioned ice-cream maker. They couldn't wait to taste the homemade ice cream!

Olivia got herself ready, too. She put on her new yellow dress. Mom helped her put yellow flowers in her hair. She looked in the mirror. Grandpa was right—her black hair was lovely!

Everything was in place for the festival. All of the neighbors were in the town square. Dancers from Sweden were waiting for the music to start. The coffee and punch were on the serving tables.

Setting up the maypole was the most important part of the festival. Without the maypole, the dancers couldn't dance. Without the maypole, the ice-cream social couldn't begin.

When it was time, Olivia's whole family carried in the big pole. She looked out at all the people. She saw blond, brown, gray, and even red hair. But she was the only one with black hair and yellow flowers.

Olivia was proud to be part of the Midsommar festival. She was proud to be part of the Larson family. Olivia smiled all day long.

Name _____ Date _____

 Complete the Story Map.

Story Map

Setting:
Time:

_____

Place:

_____

Main Character:

_____

Other Characters:

_____

_____

Title:

_____

Main Character's Problem:

_____

_____

_____

_____

How the Problem Is Solved

_____

_____

_____

_____

Name _____ Date _____

 For each question, fill in the circle next to the correct answer.

1. Which of these things about Olivia is most important to the story?
   Ⓐ She has black hair.
   Ⓑ She likes summer.
   Ⓒ She knows about Swedish things.
   Ⓓ She was born in Korea.

2. What is the most important part of the Midsommar festival?
   Ⓐ the music
   Ⓑ the ice cream made in an ice-cream maker
   Ⓒ the maypole
   Ⓓ the Swedish dancers

3. How does Grandpa Oscar make Olivia feel better?
   Ⓐ by telling her that it is okay that she is not Swedish
   Ⓑ by explaining to her what *hallå* means
   Ⓒ by teaching her a Swedish song
   Ⓓ by giving her yellow flowers

4. What makes Olivia different from the other people at the festival?
   Ⓐ the color of her eyes   Ⓒ the color of her hair
   Ⓑ the way she is singing   Ⓓ the clothes she is wearing

5. Why did the author MOST LIKELY write the story?
   Ⓐ to explain how to do something   Ⓒ to describe a girl
   Ⓑ to entertain readers   Ⓓ to give an opinion

¡Viva el *Midsommar*!

por Mary Lindeen

Eran las vacaciones de verano y cada día hacía más calor. A Olivia Larson le gustaba el verano porque podía tomar limonada y caminar descalza por el prado. El Sol del verano le calentaba el cabello negro.

Olivia era la única de su familia que tenía el cabello negro. Todos, menos Olivia, eran de origen sueco.

Olivia era adoptada. Nació en Corea y llegó a vivir a Iowa cuando apenas era una bebita. Olivia no sabía mucho acerca de Corea, pero lo que sí sabía es que allí nadie tiene el cabello rubio como su hermano.

Olivia conocía algunas costumbres suecas, como la de medio verano o *Midsommar*. El 21 de junio, la gente del pueblo cantaba y bailaba durante el festival de *Midsommar*. Y todos se preparaban para la fiesta.

El abuelo les estaba enseñando a Olivia y a su hermano una canción sueca. A Olivia le gustaba gritar *hallå* tan fuerte como podia porque el abuelo le explicó que quería decir ¡bravo!

En el verano el Sol brilla,
Vamos por la campiña con alegría.
Nadie se rinde ni se fatiga,
Cantamos hasta el final del día.¡Bravo! *Hallå!*

Todos los años una familia distinta cargaba el palo de cintas hasta el centro de la plaza. Este año le tocaba el turno a la familia Larson.

A Olivia le preocupaba cargar el palo de cintas con su familia. Ella era coreana, no sueca. ¿Podría participar en el festival?

Se lo preguntó a su abuelo.

Bilingual Reading Comprehension 3, SV 9781419099106

—¿Voy a ayudar a cargar el palo? Yo no soy sueca y tengo el cabello negro.

El abuelo Oscar sonrió.

—No tienes que ser sueca para cargar el palo de cintas. Tu cabello se verá lindo adornado con flores.

El abuelo siempre sabía cómo animar a Olivia.

El día del festival de *Midsommar* todos estaban ocupados. Unos decoraban el palo con flores, hojas y cintas. Otros colocaban sillas en la plaza.

Los niños se turnaban para darle vueltas a la manija de la antigua máquina de hacer helado. ¡Qué ganas tenían de probarlo!

Olivia también se alistó. Se puso su nuevo vestido amarillo y su mamá la ayudó a ponerse flores amarillas en el cabello. Se miró al espejo. El abuelo tenía razón: ¡su cabello negro se veía lindo!

Todo estaba listo para el festival. Todos los vecinos estaban en la plaza. Los bailarines suecos esperaban a que empezara la música. El café y el ponche estaban servidos en las mesas.

La parte más importante del festival era colocar en su sitio el palo de cintas. Sin el palo, los bailarines no podían bailar. Sin el palo, la fiesta no podia comenzar.

Cuando llegó el momento, Olivia y su familia cargaron el gran palo. Olivia miró a su alrededor. Vio cabellos rubios, castaños, grises y hasta rojos. Pero ella era la única con cabello negro y flores amarillas.

Olivia estaba orgullosa de ser parte del festival de *Midsommar*. Estaba orgullosa de ser parte de la familia Larson. Olivia sonrió todo el día.

Completa el Mapa del cuento.

Mapa del cuento

Escenario del cuento:
¿Cuándo sucede?:

_____

¿Dónde sucede?:

_____

Personaje principal:

_____

Otros personajes:

_____

_____

Título:

_____

Problema del personaje principal:

_____

_____

_____

Cómo se resuelve el problema:

_____

_____

_____

Nombre _____ Fecha _____

 Para cada pregunta, rellena el círculo junto a la respuesta correcta.

1. De estas cosas que describen a Olivia, ¿cuál es la más importante en el cuento?
   Ⓐ Tiene cabello negro.
   Ⓑ Le gusta el verano.
   Ⓒ Conoce algunas costumbres suecas.
   Ⓓ Nació en Corea.

2. ¿Cuál es la parte más importante del festival de *Midsommar?*
   Ⓐ la música
   Ⓑ el helado hecho en una antigua máquina
   Ⓒ el palo de cintas
   Ⓓ los bailarines suecos

3. ¿Qué hace el abuelo Oscar para animar a Olivia?
   Ⓐ Le dice que está bien que ella no sea sueca.
   Ⓑ Le explica qué quiere decir *hallå.*
   Ⓒ Le enseña una canción sueca.
   Ⓓ Le regala flores amarillas.

4. ¿Qué es lo que hace a Olivia diferente a las otras personas en el festival?
   Ⓐ el color de sus ojos
   Ⓑ la manera en que ella canta
   Ⓒ el color de su cabello
   Ⓓ la ropa que ella tiene puesta

5. Probablemente, ¿por qué escribió la autora "¡Viva el *Midsommar!*"?
   Ⓐ para explicar cómo se hace algo
   Ⓑ para entretener a los lectores
   Ⓒ para describir a una niña
   Ⓓ para ofrecer una opinión

The Day of the Dead

by Jazmín Quiñónez

My grandmother lost one of her sons when he was only 23. He was my uncle. Abuelita became very sad.

On the Day of the Dead every year, Abuelita remembers him with great love and warmth.

On the second of November, Abuelita goes to the cemetery to pray and remember my uncle's life. A lot of people go to the cemetery that day.

Abuelita brings along many of my uncle's favorite things. On a table, she lays out his favorite foods and fruits.

She puts my uncle's picture between two candles and lays an orange flower on his wooden chair.

Abuelita brings my uncle a bucket of water, a towel, and a toothbrush. She also brings him a bar of soap.

She brings him a shirt, a pair of pants, a pair of socks, a belt, and a pair of shoes.

She brings him his favorite books. Abuelita decorates everything with orange flowers.

I like going to the cemetery with Abuelita and remembering my uncle on the Day of the Dead.

I also like the arts and crafts for the Day of the Dead. At school I made this mask. Does it scare you or make you smile?

It took my friend Lucía four days to make this skull out of paper and paste. Do you like the way it turned out?

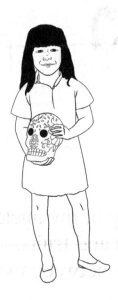

I love the skeleton toys that are made for the Day of the Dead. My teacher lent me a T-shirt with dancing skeletons on it.

There are also special breads and paper cutouts decorated with skeletons.

Día de los Muertos is part of my family's tradition. It is a very special day for us.

Name _____ Date _____

Read each clue. Choose a word from the Word List that fits the clue. Write the word in the correct place in the crossword puzzle.

Word List

| cutouts | Día | November | breads | pray |
| skeleton | mask | cemetery | Dead | |

ACROSS:

1. What Abuelita does at the cemetery
2. A kind of toy made for the Day of the Dead
3. Where many people go on the Day of the Dead
4. "Day of the Dead" in Spanish is _____ de los Muertos.

DOWN:

5. These are baked for the Day of the Dead and decorated with skeletons.
6. This is made out of paper and paste and looks like a skull.
7. The Day of the _____ is a special tradition for some families.
8. On the second of _____, people remember loved ones who have died.
9. These are made out of paper and decorated with skeletons.

Bilingual Reading Comprehension 3, SV 9781419099106

These webs show information from the passage. Use each web to answer the questions that follow it. Fill in the circle next to the correct answer.

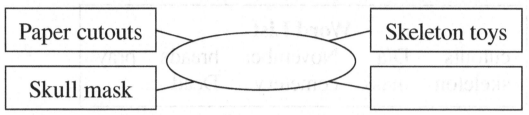

| Paper cutouts | | Skeleton toys |
| Skull mask | | |

10. Which information belongs in the oval in the middle?

Ⓐ Arts and Crafts for the Day of the Dead

Ⓑ Favorite Things of Abuelita's Son

Ⓒ Things You Can Make at School

Ⓓ Activities on the Day of the Dead

11. Which information belongs in the empty box?

Ⓐ Fruits Ⓒ Orange flowers

Ⓑ Bar of soap Ⓓ Skull made out of paper and paste

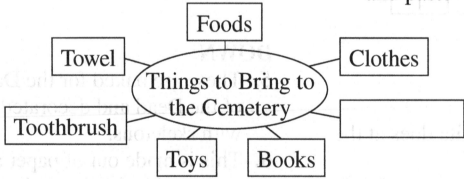

Foods
Towel   Clothes
Things to Bring to the Cemetery
Toothbrush
Toys   Books

12. Which information is missing from this web?

Ⓐ Special breads Ⓒ Skeletons

Ⓑ Orange flowers Ⓓ Masks

13. Which information does NOT belong in this web?

Ⓐ Books Ⓒ Toys

Ⓑ Towel Ⓓ Foods

62

El día de los muertos

por Jazmín Quiñónez

A mi abuelita se le murió un hijo cuando tenía solo 23 años. Él era mi tío. Mi abuelita se puso muy triste.

Todos los años, para el Día de los Muertos, ella lo recuerda con mucho cariño.

Mi abuelita va al cementerio el 2 de noviembre para rezar y recordar su vida. El cementerio se llena de gente.

Mi abuelita lleva todas las cosas que le gustaban a mi tío. Le pone sus comidas y frutas favoritas sobre una mesa.

Pone su foto entre dos veladoras y pone una flor anaranjada sobre su silla de madera.

Le lleva una tina llena de agua con una toalla y un cepillo de dientes. También le lleva una barra de jabón.

Le lleva una camisa, un pantalón, un par de calcetines, un cinto y sus zapatos.

Le lleva sus libros favoritos y decora todo con flores anaranjadas.

Me gusta ir al cementerio para acompañar a mi abuelita y recordar a mi tío el Día de los Muertos.

También me gustan las artesanías del Día de los Muertos. En la escuela hice esta máscara. ¿Te da miedo o te da risa?

Mi amiga Lucía hizo una calavera con papel y almidón. Le llevó cuatro días terminarla. ¿Te gusta cómo le quedó?

Me encantan los juguetes con esqueletos que hacen para el Día de los Muertos. Mi maestra me prestó una camiseta con esqueletos bailarines.

También hay panes especiales y papel picado con diseños de esqueletos.

Mi familia tiene la costumbre de celebrar el Día de los Muertos. Es un día muy especial para nosotros.

Nombre _____ Fecha _____

 Lee cada indicación. Escoge una palabra de la Lista de palabras que corresponda con la indicación. Escribe la palabra en el lugar correcto del crucigrama.

Lista de palabras

esqueletos	ropa	picado	cariño	calavera	frutas
cementerio	panes	flores	foto	muertos	

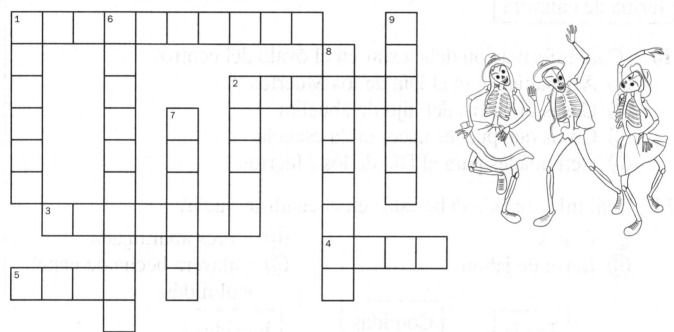

HORIZONTALES:

1. Donde mucha gente pasa el Día de los Muertos
2. El papel ____ tiene diseños de esqueletos.
3. El Día de los ____ es el 2 de noviembre.
4. Lo que lleva abuelita al cementerio
5. Lo que pone abuelita entre dos veladoras

VERTICALES:

1. Abuelita recuerda a su hijo con mucho ____.
2. Para el Día de los Muertos se cocinan ____ especiales con diseños de esqueletos.
6. Se hacen juguetes con ____ para el Día de los Muertos.
7. Lo que le pone abuelita a su hijo sobre una mesa
8. Para el Día de los Muertos se puede hacer una ____ con papel y almidón.
9. Lo que abuelita usa para decorar todo

Estos organizadores gráficos muestran información del pasaje. Usa cada organizador gráfico para contestar las preguntas que le siguen. Rellena el círculo junto a la respuesta correcta.

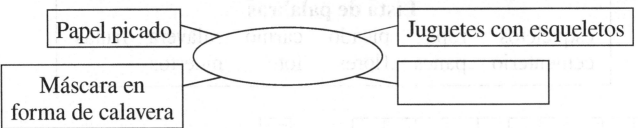

| Papel picado | | Juguetes con esqueletos |

| Máscara en forma de calavera | |

10. ¿Cuál información debe estar en el óvalo del centro?
- Ⓐ Artesanías para el Día de los Muertos
- Ⓑ Cosas favoritas del hijo de abuelita
- Ⓒ Cosas que puedes hacer en la escuela
- Ⓓ Actividades para el Día de los Muertos

11. ¿Cuál información debe estar en el cuadrito vacío?
- Ⓐ Frutas
- Ⓑ Barra de jabón
- Ⓒ Flores anaranjadas
- Ⓓ Calavera hecha de papel y almidón

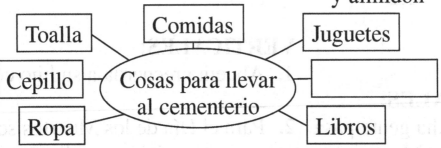

Toalla   Comidas   Juguetes
Cepillo   Cosas para llevar al cementerio
Ropa   Libros

12. A este organizador gráfico, ¿cuál información le falta?
- Ⓐ Panes especiales
- Ⓑ Flores anaranjadas
- Ⓒ Esqueletos
- Ⓓ Máscaras

13. ¿Cuál información que se ve en el organizador gráfico NO debe estar en él?
- Ⓐ Libros
- Ⓑ Toalla
- Ⓒ Juguetes
- Ⓓ Comidas

Lying as Still as I Can

by Barry Behrstock

One night my mom said, "It's time for bed, Jason. Now lie still and go to sleep."

But then I thought . . .

How can I really lie *still* when I'm on a boat that is moving up and down and traveling across the ocean?

And how can I lie still when the ocean is moving? It is part of our Earth, which is spinning like a top, making one turn each day.

So I'm *trying* to lie still, BUT I'm on a boat that is moving on the Earth that is spinning.

Our Earth is part of the solar system, a group of eight planets and the sun.

The Earth, like all of the planets, is not just spinning. It is also circling the sun like a ball swinging by a string around a pole.

So I'm *trying* to lie still, BUT I'm on a boat that is moving on the Earth that is spinning and circling around the sun.

Our sun and billions of other suns are part of the Milky Way Galaxy. From Earth the Milky Way Galaxy looks like a river of stars across a dark night sky.

Bilingual Reading Comprehension 3, SV 9781419099106

And the Milky Way Galaxy is not standing still. It is slowly turning in space like a giant pinwheel.

So I'm *trying* to lie still, BUT I'm on a boat that is moving on the Earth that is spinning and circling around the sun in a slowly turning galaxy.

Our Milky Way Galaxy and billions and billions of other galaxies are part of the universe. All of these galaxies are turning slowly.

As the galaxies turn, they are also moving outward in space like dots spreading apart when you blow up a balloon. So the universe is getting bigger and bigger!

So I'm moving in a giant universe that's getting even bigger …

in a galaxy that is turning . . .

on the Earth, which is circling around the sun and spinning once each day, . . .

on a boat that is moving . . .

while I'm in my bed, LYING AS STILL AS I CAN!

Name _____ Date _____

 Each thing in Column A is part of something in Column B. Draw lines to show what is part of what.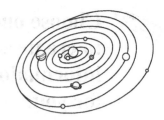

Column A	Column B
1. Earth	universe
2. our sun	solar system
3. ocean	Earth
4. Milky Way Galaxy	Milky Way Galaxy

 Fill in the circle next to the answer that correctly completes each sentence.

5. This story takes place _____.

    Ⓐ on a spaceship   Ⓒ on a river

    Ⓑ on another planet   Ⓓ on a boat

6. Jason's problem is that he does not understand _____.

    Ⓐ how the galaxies turn while also moving outward in space

    Ⓑ why there are so many suns and galaxies in the universe

    Ⓒ how he can lie still while so many things are moving

    Ⓓ why his mother wants him to lie still

7. In this story, Jason MOST LIKELY feels _____.

    Ⓐ happy   Ⓒ angry

    Ⓑ confused   Ⓓ sad

Relationships / Setting and Plot

Bilingual Reading Comprehension 3, SV 9781419099106

Name _____ Date _____

 Choose one sentence part from each column to create sentences that are facts, based on information in the story. One has been done for you.

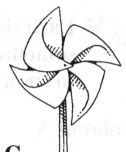

Column A	Column B	Column C
The Earth	is slowly turning in space	like dots spreading apart when a balloon is blown up
The Milky Way Galaxy	are moving outward in space	like a top
The Earth	is circling the sun	like a giant pinwheel
Billions of galaxies	is spinning	like a ball swinging by a string on a pole

8. _Billions of galaxies are moving outward in space like dots spreading apart when a balloon is blown up._

9. _____

_____

10. _____

_____

11. _____

_____

Lo más quieto que puedo

por Barry Behrstock

Una noche mi mamá me dijo: —Es hora de dormir, Jason. Acuéstate, estáte quieto y duérmete, mi amor.

Pero yo pensé…

¿Cómo puedo estar *quieto* cuando estoy en un barco que sube y baja con las olas, y que cruza el mar?

¿Cómo puedo estar quieto cuando el mar no está quieto? Es parte de nuestra Tierra, que da vueltas como un trompo: una vuelta cada día.

Así que *trato* de estar quieto, PERO estoy en un barco que se mueve en la Tierra que da vueltas.

Nuestra Tierra es parte del sistema solar, un grupo de ocho planetas y el Sol.

La Tierra, como todos los planetas, no sólo da vueltas como un trompo. Al mismo tiempo, gira alrededor del Sol como si fuera una pelota que diera vueltas alrededor de un palo.

Así que *trato* de estar quieto, PERO estoy en un barco que se mueve en la Tierra que da vueltas y gira alrededor del Sol.

Nuestro sol y miles de millones de soles forman parte de una galaxia que se llama la Vía Láctea. Desde la Tierra, la Vía Láctea parece un río de estrellas en el cielo oscuro de la noche.

Y la Vía Láctea no está quieta. Rota lentamente en el espacio como un gigantesco rehilete.

Así que *trato* de estar quieto, PERO estoy en un barco que da vueltas y gira alrededor del Sol en una galaxia que rota.

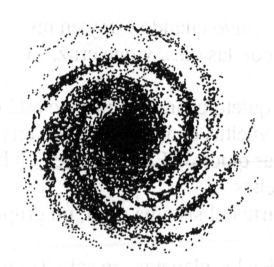

Nuestra galaxia de la Vía Láctea y muchos miles de millones de galaxias son parte del universo. Todas las galaxias rotan lentamente.

Al mismo tiempo que las galaxias rotan, se mueven hacia afuera, tal como se alejan los puntos de un globo cuando uno lo infla. ¡Así que el universo se está haciendo más y más grande!

Así que me estoy moviendo en un universo gigantesco que se está haciendo más grande…

en una galaxia que rota…

en la Tierra, que gira alrededor del Sol y da una vuelta cada día…

en un barco que se mueve…

mientras estoy en mi cama ¡LO MÁS QUIETO QUE PUEDO!

Bilingual Reading Comprehension 3, SV 9781419099106

Nombre _____ Fecha _____

 Cada cosa de la columna A es parte de una cosa de la columna B. Traza líneas para mostrar cuál es parte de cuál.

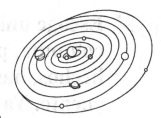

Columna A

1. Tierra

2. nuestro Sol

3. océano

4. galaxia Vía Láctea

Columna B

universo

sistema solar

Tierra

galaxia Vía Láctea

 Rellena el círculo junto a la respuesta que correctamente complete cada oración.

5. Este cuento sucede _____.
   Ⓐ en una nave espacial   Ⓒ en un río
   Ⓑ en otro planeta   Ⓓ en un barco

6. El problem que tiene Jason es que no entiende _____.
   Ⓐ cómo las galaxias rotan mientras se mueven hacia afuera
   Ⓑ por qué hay tantos soles y galaxias en el universo
   Ⓒ cómo él puede estar quieto mientras tantas cosas se mueven
   Ⓓ por qué su madre quiere que él esté quieto

7. En este cuento, PROBABLEMENTE Jason se siente _____.
   Ⓐ contento   Ⓒ enojado
   Ⓑ confuso   Ⓓ triste

Bilingual Reading Comprehension 3, SV 9781419099106

Nombre _____ Fecha _____

 Escoge una parte de oración de cada columna, para crear oraciones que sean hechos, basándote en información en el cuento. Ya se te hizo uno.

Columna A	Columna B	Columna C
La Tierra	rota lentamente en el espacio	tal como se alejan los puntos de un globo cuando se está inflando
La galaxia Vía Láctea	se mueven hacia afuera	
La Tierra	gira alrededor del Sol	como un trompo
Muchos miles de millones de galaxias	da vueltas	como un gigantesco rehilete
		como una pelota que da vueltas alrededor de un palo

8. <u>Muchos miles de millones de galaxias se mueven hacia afuera,</u>

   <u>tal como se alejan los puntos de un globo cuando se está inflando.</u>

9. _____

   _____

10. _____

   _____

11. _____

   _____

Blast Off with Ellen Ochoa!

by Margarita González-Jensen and Peter Rillero

Being an astronaut is a job that's out of this world! Have you ever wondered what it's like to be an astronaut? Several children had a chance to ask Ellen Ochoa themselves. She knows all about astronauts—she is one!

What were your favorite things to do as a little girl?

Mozelle Moreno, Texas

Ellen Ochoa: I enjoyed reading adventure stories about girls. I also liked watching the astronauts on their trip to the moon. I took piano and flute lessons. I even took my flute into space!

Why did you want to be an astronaut? *Nikkie Patel, Idaho*

Ellen Ochoa: Blasting off into space, being weightless, and seeing Earth from space sounded exciting. I also wanted to work with a team in a space lab. I knew I could do these things as an astronaut.

What did you study in school? *Blanca Farias, Idaho*

Ellen Ochoa: I studied math and science, just like you do. I loved to read so much, my mother had to make me go to sleep at night. I also took ballet and gymnastics lessons after school.

What are the jobs of an astronaut? *Kristina Vega, Arizona*

Ellen Ochoa: Astronauts control the space shuttle and do science experiments. They put objects called satellites into space so that the satellites circle Earth. Sometimes they take space walks.

What stuff did you train on in astronaut school?

Mitch DiMauro, Ohio

Ellen Ochoa: We had classes that taught us how to run engines, radios, computers, and other equipment on the space shuttle. We practiced spacewalking in a large pool. We also trained for the specific jobs we would have on the space shuttle.

What was your favorite part of training? *Jessica Granados, Texas*

Ellen Ochoa: I liked learning certain jobs that are done in space. For example, we put small satellites into space and captured them back. The crew worked together on this tricky move. I caught them with a big arm run by computer!

What was your favorite food in space? *Tanvi Patel, Idaho*

Ellen Ochoa: I liked steaks, spaghetti, asparagus, and cheese macaroni. Tortillas were great space food. They packed flat and were easy to eat—no crumbs! For a quick snack, we spread tuna salad or peanut butter on them.

How did you go to the bathroom?

William Rillero, Ohio
Sade McCann, Ohio

Ellen Ochoa: Straps helped to keep us from floating away while using the bathroom! Since we couldn't count on gravity, a machine blew air that sent the waste into a tank.

What did Earth look like from space?

Jardiel Domínguez, Idaho

Ellen Ochoa: Earth was always changing from day to night to day again. Also, it looked different depending on whether we were over oceans, deserts, mountains, or cities. It was very beautiful!

What kind of clothes did you wear?

Edid Díaz, Arizona

Ellen Ochoa: We usually wore knit shirts with velcro strips to hold equipment. We wore socks but no shoes. We had spacesuits to wear if we needed them.

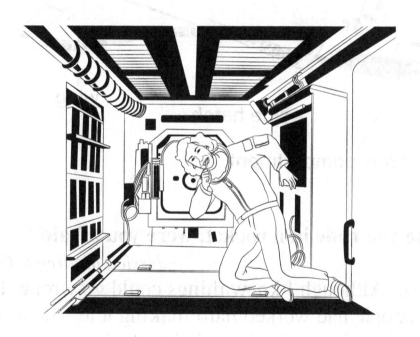

How did it feel to be in space?

Chelsea McGuire, Arizona

Ellen Ochoa: It was fun to float in any position, like upside down, or to go feet first up stairs. But working was difficult since anything I laid down floated away! I always had to attach my tools to something.

What kind of spaceship did you ride in?

Allison Hylant, Ohio

Ellen Ochoa: It was called the space shuttle. The shuttle lands like an airplane, so it can be used many times. It carries up to 7 people and everything they need to live and work. Its longest flight was 18 days.

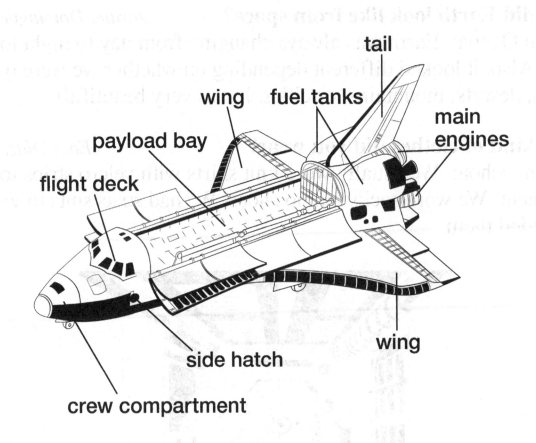

tail

wing　fuel tanks

main engines

payload bay

flight deck

side hatch

wing

crew compartment

The first time you rode in a rocket, were you afraid?

Jessica Madregal-Guerrero, Idaho

Ellen Ochoa: Although I knew things could go wrong, I wasn't afraid. Many people had worked hard making it as safe as possible. I just kept thinking about what I needed to do. I remember being very excited!

How long did it take to get into space?
Amy Srimoukda, Idaho

Ellen Ochoa: It took eight and a half minutes to get from the launchpad to the place where we started circling Earth. This circling is called an orbit and is 180 miles above the ground. We go around Earth at 17,500 miles per hour!

Do you like being an astronaut?
Dianira Ríos, Idaho

Ellen Ochoa: Yes, it's a great job! Being an astronaut takes a lot of hard work, but it's full of amazing experiences!

A MESSAGE FROM ELLEN OCHOA

Magic doesn't make dreams come true. Setting goals does. As a child, I didn't know I would become an astronaut, but I always set goals. Get a good education and believe in yourself. That's how I became a NASA astronaut. The future is yours—think big!

Read the following sentences from the first three pages of the passage. Decide whether each sentence expresses an opinion or a fact. Circle <u>opinion</u> or <u>fact</u>.

opinion   fact   **1.** Tortillas were great space food.

opinion   fact   **2.** I always had to attach my tools to something.

opinion   fact   **3.** Earth was always changing from day to night to day again.

opinion   fact   **4.** It [Earth] was very beautiful!

opinion   fact   **5.** For a quick snack, we spread tuna salad or peanut butter on them [tortillas].

opinion   fact   **6.** Blasting off into space, being weightless, and seeing Earth from space sounded exciting.

opinion   fact   **7.** I liked learning certain jobs that are done in space.

opinion   fact   **8.** We also trained for the specific jobs we would have on the space shuttle.

opinion   fact   **9.** It was fun to float in any position, like upside down, or to go feet first up the stairs.

opinion   fact   **10.** I also wanted to work with a team in a space lab.

80

Name _____ Date _____

 Look at this time line. It is divided into three parts. When it is completed, it will show events from Ellen Ochoa's life in the order in which they happened. To complete the time line, in each part write the number of every event that belongs in that part. One has been done for you.

TIME LINE
ELLEN OCHOA

As a child	As an adult: Before traveling in Space	As an adult: Traveling in Space

| 4 | | | | | | | | | | |

EVENTS IN ELLEN OCHOA'S LIFE

1. Practiced spacewalking

2. Floated in many positions

3. Ate peanut butter on tortillas

4. Read a lot of books

5. Captured small satellites with a big arm run by a computer

6. Learned to play the flute

7. Orbited Earth 180 miles above the ground

8. Watched astronauts go to the moon

9. Learned about equipment on the space shuttle

10. Worked with tools that had to stay attached to something

¡Despegue con Ellen Ochoa!

por Margarita González-Jensen y Peter Rillero

¡Ser astronauta es un trabajo por todo lo alto! ¿Te has preguntado qué hacen los astronautas y qué piensan de su trabajo? Varios niños se lo preguntaron a Ellen Ochoa. ¡Ella lo sabe porque es . . . astronauta!

¿Qué era lo que más le gustaba cuando era niña?

Mozelle Moreno, Texas

Ellen Ochoa: Me gustaba leer historias de aventuras de niñas. También me gustaba mirar por televisión los viajes de los astronautas a la Luna. Tomé lecciones de piano y flauta, ¡y toqué flauta en el espacio!

¿Por qué quería ser astronauta?

Nikkie Patel, Idaho

Ellen Ochoa: Llegar al espacio, no sentir la fuerza de gravedad y mirar la Tierra desde el espacio me parecía muy emocionante. También quería trabajar con un equipo en un laboratorio especial. Yo sabía que podría hacer todo eso siendo astronauta.

¿Qué estudió en la escuela?

Blanca Farias, Idaho

Ellen Ochoa: Estudié matemáticas y ciencias, tal como tú. Me gustaba leer tanto que mi mamá tenía que mandarme a dormir cada noche. También tomaba clases de ballet y de gimnasia después de la escuela.

¿Qué trabajos hace un astronauta?   *Kristina Vega, Arizona*

Ellen Ochoa: Los astronautas controlan la nave espacial y hacen experimentos científicos. Colocan en el espacio objetos llamados satélites que dan vueltas alrededor de la Tierra. También caminan en el espacio.

¿Qué estudió en la escuela para astronautas?   *Mitch DiMauro, Ohio*

Ellen Ochoa: Nos enseñaron a operar motores, radios y demás equipo de la nave espacial. Practicamos las caminatas espaciales en una gran alberca y aprendimos los trabajos que haría cada uno en la nave espacial.

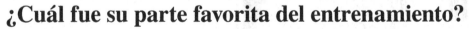

¿Cuál fue su parte favorita del entrenamiento?

Jessica Granados, Texas

Ellen Ochoa: Me gustó aprender algunas de las tareas que se hacen en el espacio, como por ejemplo, lanzar pequeños satélites al espacio y después recogerlos. Todo el grupo trabajaba en este delicado proceso. ¡Yo los agarraba con un gran brazo accionado por una computadora!

¿Cuál era su comida favoirta en el espacio?   *Tanvi Patel, Idaho*

Ellen Ochoa: Me gustaban los bistecs, los espaguetis, los espárragos y los macarrones con queso. Las tortillas son una maravilla en el espacio. Son planas y son fáciles de comer pues no dejan migajas. Cuando queríamos un bocadito, les untábamos ensalada de atún o mantequilla de cacahuate.

¿Cómo iban al baño?

William Rillero, Ohio
Sade McCann, Ohio

Ellen Ochoa: Para no flotar cuando estábamos en el baño, nos poníamos bandas. Como no hay gravedad, una máquina sopla aire que lleva la evacuación a un tanque.

¿Cómo se veía la Tierra desde el espacio?
Jardiel Domínguez, Idaho

Ellen Ochoa: La Tierra siempre cambiaba, de día a noche, de noche a día. Además, se veía distinta si estábamos sobre el mar, desiertos, montañas, bosques o ciudades. ¡Se veía muy hermosa!

¿Qué ropa se ponían?
Edid Díaz, Arizona

Ellen Ochoa: Por lo general nos poníamos camisas y pantalones de punto con tiras de velcro para sujetar el equipo. Nos poníamos calcetines, pero no zapatos. Teníamos trajes espaciales por si los necesitábamos.

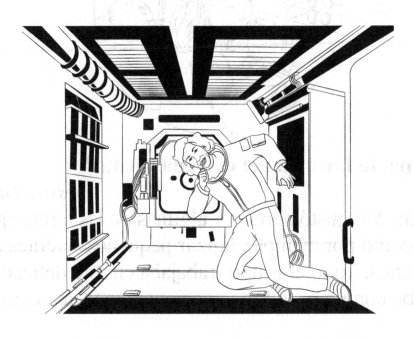

¿Qué se siente al estar en el espacio?
Chelsea McGuire, Arizona

Ellen Ochoa: Era divertido flotar en cualquier posición, por ejemplo patas arriba, o subir las escaleras cabeza abajo. ¡Pero era difícil trabajar porque todo flotaba! Siempre tenía que sujetar las herramientas a algo.

¿En qué clase de nave espacial viajó?

Allison Hylant, Ohio

Ellen Ochoa: Viajé en un transbordador espacial. Es una nave que aterriza como un avión, así que se puede usar muchas veces. Transporta hasta 7 personas con todo lo que necesitan para vivir y trabajar. Su vuelo más largo fue de 18 días.

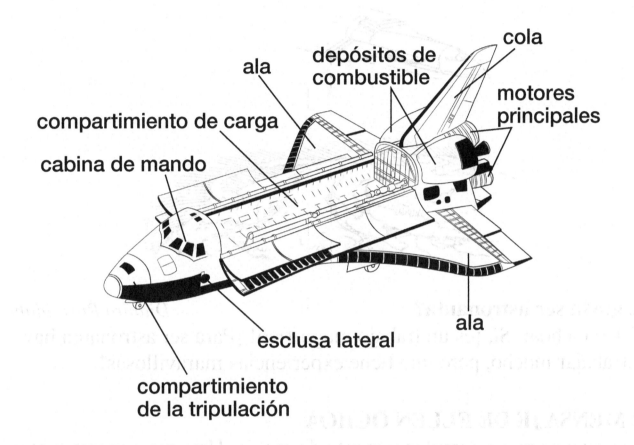

cola

depósitos de combustible

ala

motores principales

compartimiento de carga

cabina de mando

ala

esclusa lateral

compartimiento de la tripulación

La primera vez que voló en un cohete, ¿sintió miedo?

Jessica Madregal-Guerrero, Idaho

Ellen Ochoa: Aunque sabía que podía haber problemas, no tenía miedo. Muchas personas trabajaron mucho para que todo funcionara bien. Yo sólo pensaba en lo que tenía que hacer. ¡Pero recuerdo que estaba muy emocionada!

¿En cuánto tiempo llegaron al espacio?

Amy Srimoukda, Idaho

Ellen Ochoa: Tomó ocho minutos y medio llegar desde la plataforma de lanzamiento hasta el punto donde comenzamos a dar vueltas alrededor de la Tierra. Una vuelta se llama órbita. Dábamos vueltas a 180 millas de la Tierra y a 17,500 millas por hora.

¿Le gusta ser astronauta?

Dianira Ríos, Idaho

Ellen Ochoa: Sí, ¡es un trabajo magnífico! ¡Para ser astronauta hay que trabajar mucho, pero uno tiene experiencias maravillosas!

UN MENSAJE DE ELLEN OCHOA

Los sueños no se cumplen por arte de magia. Hay que ponerse metas. De niña, yo no sabía que sería astronauta, pero siempre me ponía metas. Edúcate y ten confianza propia. Así es como yo llegué a ser astronauta de la NASA. El futuro es tuyo: ¡haz planes y llegarás lejos!

Nombre _____ Fecha _____

 Lee las siguientes oraciones de la primeras tres páginas de este pasaje. Decide si cada oración expresa una opinión o un hecho. Encierra en un círculo opinión o hecho.

opinión hecho **1.** Las tortillas son una maravilla en el espacio.

opinión hecho **2.** Siempre tenía que sujetar las herramientas a algo.

opinión hecho **3.** La Tierra siempre cambiaba, de día a noche, de noche a día.

opinión hecho **4.** ¡[La Tierra] Se veía muy hermosa!

opinión hecho **5.** Cuando queríamos un bocadito, les untábamos [a las tortillas] ensalada de atún o mantequilla de cacahuate.

opinión hecho **6.** Llegar al espacio, no sentir la fuerza de gravedad y mirar la Tierra desde el espacio me parecía muy emocionante.

opinión hecho **7.** Me gustó aprender algunas de las tareas que se hacen en el espacio.

opinión hecho **8.** Aprendimos los trabajos que haría cada uno en la nave espacial.

opinión hecho **9.** Era divertido flotar en cualquier posición, por ejemplo patas arriba, o subir las escaleras cabeza abajo.

opinión hecho **10.** También quería trabajar con un equipo en un laboratorio espacial.

Identifying Fact and Opinion

Bilingual Reading Comprehension 3, SV 9781419099106

Nombre _____ Fecha _____

Mira esta línea cronológica. Está dividida en tres partes. Al estar terminada, mostrará eventos de la vida de Ellen Ochoa en el orden en que sucedieron. Para terminar la línea cronológica, en cada parte escribe el número de cada evento que corresponda a esa parte. Ya se te hizo uno.

LÍNEA CRONOLÓGICA
ELLEN OCHOA

De niña	De adulta: Antes de viajar por el espacio	De adulta: Viajando por el espacio

| 4 | | | | | | | | | |

EVENTOS DE LA VIDA DE ELLEN OCHOA

1. Practicó las caminatas espaciales
2. Flotó en muchas posiciones
3. Comió tortillas untadas de mantequilla de cacahuate
4. Leyó muchos libros
5. Recogió pequeños satélites con un gran brazo accionado por una computadora
6. Aprendió a tocar la flauta
7. Dio órbitas a 180 millas de la Tierra
8. Miró por televisión los viajes de los astronautas a la Luna
9. Aprendió sobre el equipo de la nave espacial
10. Trabajó con herramientas que tenían que estar sujetas a algo

Bilingual Reading Comprehension 3, SV 9781419099106

Daddy Saved the Day

by Angela Shelf Medearis

Everyone came from near and far for our family reunion, just like they always do. We took picture after picture, all huddled close in front of Grandma Angeline's house. It felt like a giant hug. Uncle Arthur kept saying, "Okay, now everybody smile!" And we did, because we were so happy to be together.

Daddy Howard was the oldest person there, and three-year-old Cousin Jessica was the youngest. The relatives passed her from hand to hand as if she were a living doll.

The sun was blazing hot, just like it always is when it's summertime in Texas, but we played basketball anyway. Cousin Joey, Uncle Howard, Cousin Kennie Ray, and Cousin Michael tried some fancy moves when they threw the ball into the basket. After the game, everybody swam in the chilly water of Grandma's pool to cool off.

Like always, we had barbecue at the family reunion. The menfolk tended to the barbecue pit. They talked and laughed and teased each other about who can cook the best. The smell of hickory smoke filled the air, tickled our noses, and teased our stomachs. When Grandma Angeline told us it was time to eat, we scrambled inside.

At one end of the table stood a huge bowl of creamy potato salad sprinkled with red paprika and a container of tangy purple coleslaw. Cousin Pat's fruit salad was so colorful it looked like it was dressed up for the reunion. Pans of hot buttered rolls, crocks of Aunt Angela's delicious baked beans, and platters of crispy ribs and juicy smoked chicken took up the rest of the table. Soon everyone's face was covered with a shiny layer of barbecue sauce.

Then Grandma started talking about dessert, just like she always does. She had made so many layer cakes that they crowded each other on the cabinet. Cousin Marcy ate German chocolate cake with a Texas-sized

scoop of ice cream, even though she said she was on a diet. I had some too, but I had to eat it slow so that my stomach could make room for it among all that barbecued chicken and baked beans.

We were so full we couldn't even swat at the flies. They buzzed around us as if they were putting on a summertime symphony.

Then Daddy said, "Let's have a talent show," just like he always does. We all went into the living room. The adults sat on the couches, and the children sat on the floor. Aunt Sandra sang and played hymns on the piano. It wasn't long before the adults were shouting like it was a Sunday morning church service. Aunt Icie waved her hands in the air, just like she always does when the music moves her. My other relatives sang out the last lines of Aunt Sandra's song and clapped their hands.

Then Aunt Liz, Aunt Joyce, Uncle Leon, Aunt Trudy, and Aunt Immogene sang their songs. They closed their eyes, threw back their heads, and swayed to the rhythm.

Then someone asked Aunt Angela to tell a story. Now I love hearing Aunt Angela's stories during the daytime, but they come back to haunt me at night. The moonlight makes spooky shapes on my wall like the ghosts in her stories. My jacket and cap look like the creatures she whispers about. After hearing one of Aunt Angela's stories, I usually have to sleep with the light on.

Wouldn't you know it! Aunt Angela decided to tell us about a haunted house! She swung right into her story—twisting her lips, hunching her shoulders, and widening her eyes as she described creepy creatures and monstrous men. She curled her fingers and whipped her head from side to side as she spun her terrible tale. She peered out through her long braids as if through thick, black vines, while whispering in a scratchy voice.

During the scariest part, I forgot to breathe. I felt light-headed, and my heart was beating so loud I was sure that Cousin Cameron and Cousin Courtney could hear it. Aunt Angela made her voice rumble like distant thunder, and then she screamed so loud the adults jumped in their seats and the children clung to each other.

She finished her story with a cackling laugh. The sun had disappeared, and the night covered everything like a thick, black blanket. We were too spooked to speak or move. Then Daddy saved the day.

Daddy sat down at the piano and began pounding the keys. Aunt Florine's eyes sparkled, and the children sat up straight. Daddy's boogie-woogie music floated from the piano into our feet. Everyone began to dance. With flying feet and snapping fingers, old and young alike danced around Grandma's living room.

Uncle Michael was supposed to videotape the whole event, but Daddy's boogie-woogie made him forget about the camera and begin twirling around with little Cousin Anysa.

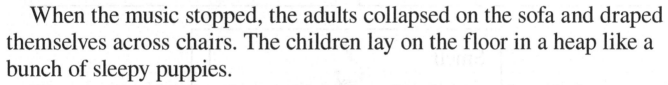

Daddy's hands flew up and down the keyboard, pounding the white keys and tickling the black ones. His feet tapped out the time as he bit his lip with concentration. He played and we danced till all of us were covered with sweat and couldn't catch our breath.

When the music stopped, the adults collapsed on the sofa and draped themselves across chairs. The children lay on the floor in a heap like a bunch of sleepy puppies.

We were too tired to do anything else. One by one, the relatives began to leave. We kissed and hugged and said our good-byes, just like

we always do. Uncle Arthur and Aunt Pat loaded everyone in the van for the long trip back to Wichita, Kansas.

We all agreed that Daddy played the best boogie-woogie music we had ever heard and that nothing could top that song.

And that's a good thing, because, although Daddy plays the boogie-woogie perfectly, it's the only song he knows!

Bilingual Reading Comprehension 3, SV 9781419099106

Name _____ Date _____

 During the family reunion, the speaker uses each of the five senses at least one time: hearing, sight, smell, touch, and taste. In each box, write details from the story that tell when the speaker uses this sense. The number in the box tells you how many details to find and write down. If you like, you can write down even more details. Some of the work has been done for you.

Hearing 4	Sight 4
flies buzzing	_the night covers everything_

Smell 1

Touch 3	Taste 3
holding Cousin Jessica	

Imagery

Bilingual Reading Comprehension 3, SV 9781419099106

Name _____ Date _____

 In "Daddy Saved the Day," the author compares some things to other things. Draw lines to match things with what they are compared.

1. speaker's cap and jacket   **A.** doll

2. Aunt Angela's braids   **B.** summertime symphony

3. tired children   **C.** giant hug

4. spooky shapes on a wall   **D.** thick, black vines

5. Cousin Jessica   **E.** thunder

6. Aunt Angela's voice   **F.** creatures in Aunt Angela's stories

7. being close together while taking pictures   **G.** sleepy puppies

8. buzzing of flies   **H.** thick, black blanket

9. the night   **I.** ghosts in Aunt Angela's stories

Bilingual Reading Comprehension 3, SV 9781419099106

Papá salvó la fiesta

por Angela Shelf Medearis y Patricia Abello

Como siempre, fuimos llegando de aquí y de allá
para nuestra reunión familiar. Nos sacamos foto trás
foto frente a la casa de mi abuela Angeline, todos
juntos, como en un gigantesco abrazo. Mi tío Arthur
no paraba de decir: —¡A ver, a ver, sonrían!

Y todos sonreíamos, felices de estar juntos.

Papá Howard era el mayor de todos y mi prima Jessica, con sus tres
añitos, era la más pequeña. Todos nos turnábamos para cargarla, como
si fuera una muñeca.

El Sol ardía, como siempre durante el verano en Texas, pero de todos
modos jugamos al baloncesto. Mi primo Joey, mi tío Howard, y mis
primos Kennie Ray y Michael hacían piruetas para encestar la pelota.
Después, todos nos metimos a la piscina de mi abuela para
refrescarnos.

Como siempre, no podía faltar la barbacoa de las reuniones
familiares. Los hombres se encargaron de la parrilla. Reían, hablaban y
bromeaban que cada uno era el mejor cocinero. El aroma a barbacoa
llenaba el aire, picándonos la nariz y abriéndonos el apetito. Cuando mi
abuela Angeline nos llamó a comer, entramos a la carrera.

En un extremo de la mesa había una inmensa fuente llena de una
cremosa ensalada de papa espolvoreada con pimiento rojo, al lado de
una fuente con ensalada de repollo morado. La ensalada de frutas de mi
prima Pat tenía tantos colores que parecía decorada para la fiesta.
Bandejas con panecillos calientes, cazuelas con los deliciosos frijoles de
mi tía Angela, y platos con costillas tostaditas y jugosas presas de pollo
a la brasa ocupaban el resto de la mesa. Muy pronto todos teníamos la
cara untada de salsa de barbacoa.

Entonces, como siempre, mi abuela comenzó a
hablar del postre. Había hecho tantos pasteles que casi
no cabían en la alacena. Mi prima Marcy comió torta
de chocolate con una gran bola de helado del tamaño de Texas, a pesar
de que dijo que estaba a dieta. Yo también me comí una tajada, pero

tuve que hacerlo despacito, porque ya casi no me cabía nada después de toda esa cantidad de pollo a la brasa y frijoles.

Estábamos tan llenos que casi no podíamos espantar las moscas que zumbaban a nuestro alrededor como si interpretaran una sinfonía de verano.

Entonces, como siempre, mi papá dijo: —Es la hora del show.

Todos nos reunimos en la sala. Los adultos se sentaron en los sofás y los niños en el piso. Mi tía Sandra cantó y tocó himnos en el piano. Al rato, todos los adultos cantaban a pleno pulmón, como si estuvieran en el servicio religioso del domingo. Como siempre, la tía Icie movía las manos en el aire, inspirada por la música. Los demás repetían las últimas estrofas de la cancíon de mi tía Sandra, siguiendo el compás con las palmas.

Después tía Liz, tía Joyce, tío Leon, tía Trudy y tía Immogene cantaron con los ojos cerrados y la cabeza hacia atrás, balanceándose al ritmo de la melodía.

En ésas, alguno le pidió a mi tía Angela que contara un cuento. Debo aclarar que me encantan los cuentos de mi tía Angela durante el día, pero al recordarlos en la noche me causan espanto. La luz de la Luna forma figuras tenebrosas en la pared de mi cuarto como los fantasmas de sus cuentos. Mi chaqueta y mi gorra se parecen a las criaturas de las que ella habla en susurros. Casi siempre que oigo uno de los cuentos de mi tía Angela, tengo que dormir con la luz encendida.

¡Para qué les cuento! La tía Angela decidió contarnos un cuento de una casa embrujada. Se metió de lleno en el cuento, retorciendo los labios, encorvando los hombros y abriendo los ojos como platos a medida que describía criaturas sinestras y seres monstruosos. Enroscaba los dedos y batía la cabeza de un lado a otro al ir narrando su horripilante historia. Miraba por entre sus largas trenzas, como si fueran gruesas y negras enredaderas, mientras susurraba con voz áspera.

Durante la parte más miedosa, se me olvidó respirar. Me sentí mareada y el corazón me latía tan fuerte que estoy segura de que mis primos Cameron y Courtney podían oírlo. Mi tía Angela hizo que su voz retumbara como truenos lejanos, y después gritó tan fuerte que los adultos saltaron de las sillas y los niños nos abrazamos unos a otros.

Terminó el cuento con una risotada entrecortada. El Sol se había ocultado y la noche lo cubría todo, como una cobija gruesa y negra. Estábamos tan asustados que no podíamos hablar ni movernos. Entonces mi papá salvó la fiesta.

Papá se sentó frente al piano y empezó a tocar las teclas. Los ojos de la tía Florine se encendieron y los niños se enderezaron. La música boogie-woogie que mi papá interpretaba flotó del piano a nuestros pies. Todos saltamos a bailar. Moviendo los pies y chasqueando los dedos, jóvenes y viejos bailamos a la par alrededor de la sala de mi abuela.

Mi tío Michael estaba encargado de filmar la fiesta, pero la alegre música de mi papá lo hizo olvidarse de la cámara y empezó a dar vueltas con la primita Anysa.

Las manos de papá bajaban y subían del teclado, golpeando las teclas blancas y rozando las negras. Sus pies marcaban el ritmo y se mordía los labios en gesto de concentración. Él tocó y nosotros bailamos hasta que todos quedamos empapados de sudor y casi sin aliento.

Cuando paró la música, los adultos se desplomaron en el sofá o se tumbaron en las sillas. Los niños caímos amontonados en el piso, como un racimo de perritos dormilones.

Estábamos tan cansados que no podíamos hacer nada más. Uno por uno, los parientes comenzaron a marcharse. Nos despedimos con besos y abrazos, como siempre. Mi tío Arthur y mi tía Pat montaron a todos en su camioneta para iniciar el largo viaje de regreso a Wichita, Kansas.

Todos dijimos que papá tocaba el mejor boogie woogie del mundo y que nadie lo tocaba mejor.

Y qué bueno, porque aunque papá toca el boogie woogie a la perfección, ¡es la única canción que se sabe!

Nombre _____ Fecha _____

 Durante la reunión familiar, la persona que cuenta el cuento usa cada uno de los cinco sentidos por lo menos una vez: el oído, la vista, el olfato, el tacto y el gusto. En cada cuadro, escribe detalles del cuento que indiquen cuándo la persona usa este sentido. El número en el cuadro te indica cuántos detalles tienes que encontrar y escribir. Puedes escribir aún más detalles, si lo deseas. Ya se te hizo una parte del trabajo.

Oído	4
moscas que zumban	
_____	
_____	
_____	

Vista	4
la noche lo cubre todo	
_____	
_____	
_____	

Olfato	1
_____	
_____	

Tacto	3
cargando a la prima Jessica	
_____	
_____	

Gusto	3
_____	
_____	
_____	

97
Imagery
Bilingual Reading Comprehension 3, SV 9781419099106

Nombre _____ Fecha _____

 En "Papá salvó la fiesta", el autor compara algunas cosas con otras cosas. Traza líneas para hacer correspondencia entre cosas con lo que estén comparadas.

1. chaqueta y gorra de la persona que cuenta el cuento

2. trenzas de tía Angela

3. niños cansados

4. figuras tenebrosas en la pared

5. prima Jessica

6. voz de tía Angela

7. estar juntos mientras les sacan fotos

8. moscas que zumbaban

9. la noche

A. muñeca

B. sinfonía de verano

C. gigantesco abrazo

D. gruesas y negras enredaderas

E. truenos

F. criaturas en los cuentos de tía Angela

G. perritos dormilones

H. cobija gruesa y negra

I. fantasmas en los cuentos de tía Angela

Come to My House

edited by Patricia Almada and Teresa Lo-Cascio

Every family has things they like to do and things they like to eat—things that stay the same year after year. These are family traditions.

This collection of poetry is about family traditions. Children share their feelings about a family tradition that has special meaning for them.

Pupusas
by Nancy Quintanilla

Pupusas are round, soft, and tasty
Usually grilled in a pan
Puffy treats with sour cream topping
Unique from all other foods
So good they make me smile
All day long
Special because they remind me of El Salvador

Come to My House

by Jesse García

Another year has gone by.
At my house, the family arrives.
The sweet aroma of tamales and pozole
fills every room like New Year's Eve perfume.
In the garage the stereo blares—we dance.

You should come to my house on New Year's Eve.
The ceilings of all the rooms
are covered with balloons,
colorful candy clouds to pop at midnight.
In the garage the stereo blares—we hug.

You should come to my house on New Year's Eve.
We eat one grape for each month of the year,
twelve months, twelve grapes,
one wish for the months to come.
In the garage the stereo blares—we eat.

You should come to my house on New Year's Eve.
We dance, eat, and enjoy each other's company.
The last of the year slowly creeps by.
The whole family spends the night.
In the garage the stereo gets turned off—we sleep.

Story Time

by Jonathan Ruiz

I remember when I was little,
story time was fun, so much fun.
I brushed my teeth and jumped in bed,
then reached for Shamu, my best friend.

I was tucked in very tight
and waited patiently
until Mommy or Daddy
came in for story time.

Daddy sat on a chair
at the side of my bed.
Mommy lay next to me
and brought my teddy bear.

Settled down in my bed,
calm as a sailboat on a lake,
I shut my eyelids slowly,
pictures fluttering in my head.

Then a gentle hug and a kiss on the cheek,
the lights went out and I was all alone.
The pictures became blurry and before long
I was ready for a good night's sleep.

Bilingual Reading Comprehension 3, SV 9781419099106

Name _____ Date _____

✎ **On each line, write the letter of the correct poem.**

A. "Pupusas"   **B.** "Come to My House"   **C.** "Story Time"

1. In _____, the poet describes how some things sound, look, and smell.

2. In _____ and in _____, the poet describes something that causes a happy memory.

3. _____ is an acrostic poem, in which the first letters of the lines spell out a word.

4. In _____, the poet describes a special occasion.

5. There are rhyming words in _____.

✎ **Poets often compare one thing to another thing, even though the two things are not really alike. They may compare things using a <u>simile</u>. In a simile, two things are compared using *like* or *as*. They may compare things using a <u>metaphor</u>. In a metaphor, one thing becomes another thing. Answer the following questions.**

6. In "Come to My House," the poet uses a simile to describe the aroma of tamales and pozole. To what does he compare the aroma?

_____

7. In "Story Time," the poet uses a simile to describe himself settled down in his bed. To what does he compare himself?

_____

8. In "Come to My House," the poet uses a metaphor to describe balloons. To what does he compare the balloons?

_____

Braids

by Sonia Gutiérrez

All the girls in my family wear braids.
There are big, bulky braids
    and slim, slender braids.
There are long, lanky braids
    and short, shiny braids.
I always wear a single braid
    snaking slowly down my back.
I hate it when my hair isn't braided,
    it gets twisted like spaghetti on a fork.
Then my Mom brushes it gently,
    untangling each and every knot.
Like a black waterfall or a smooth, silky cloth,
    my hair is ready for braiding once more.

Bilingual Reading Comprehension 3, SV 9781419099106

Rice, Rice, and More Rice

by Xotchilt Alcántar

Rice with fish,
rice with chicken,
rice with meat,
rice is always a special treat!

It's rice, rice, and more rice.
Every day we eat rice.

In the Dominican Republic,
my parents grew up eating rice.
They ate rice morning, noon, and night.
Now rice is our American delight.

It's rice, rice, and more rice.
Every day we eat rice

Rice with sweetened milk,
cinnamon, and lime rind—
a Sunday treat,
the best you'll ever find.

It's rice, rice, and more rice.
Every day we eat rice.

Slippery and slick before it's cooked,
soft and spongy when it's done.
Rice is healthy, rice is fun,
rice is good for everyone!

Family Time
by Cecy Banos

Bang…bang…bang…
    open the cabinets,
    reach for the things we need.

Whistle…whistle…whistle…
    blows the kettle,
    telling us the water for coffee is ready.

Glug…glug…glug…
    pour milk into the mugs
    for the children in the family.

Clank…clank…clank…
    carry mugs and plates,
    balancing everything on a tray.

Plop…plop…plop…
    dip *milonga* into our cups,
    a crunchy, sweet-filled bread.

Buzz…buzz…buzz…
    talk about our day
    and my brother's soccer game.

Ha…ha…ha…
    enjoy each other's company,
    sharing time together.

Zzz…zzz…zzz…
    doze off on my mother's lap,
    sleepy like a kitten after a bowl of milk.

Bilingual Reading Comprehension 3, SV 9781419099106

Name _____ Date _____

✏️ **On each line, write the letter of the correct poem.**

A. "Braids"   **B.** "Rice, Rice, and More Rice"   **C.** "Family Time"

1. A refrain in a poem is a phrase or a line that is repeated.

   _____ has a refrain.

2. In _____ and in _____, several words
   that start with *s* appear close together.

3. In _____, there are many words whose sound
   imitates its meaning.

4. In _____, the poet describes how some things sound,
   look, and taste.

5. There are rhyming words in _____.

✏️ **Answer these questions about similes and metaphors in
   the poems.**

6. In "Braids," the poet uses a metaphor to describe the single braid
   she wears. To what does she compare her braid?

   _____

7. In "Braids," the poet uses a simile to describe her unbraided hair.
   To what does she compare her hair?

   _____

8. In "Family Time," the poet uses a simile to describe herself dozing
   in her mother's lap. To what does she compare herself?

   _____

Te invito a mi casa

editado por Patricia Almada y Teresa Lo-Cascio

Cada familia tiene ciertas cosas que le gusta hacer y que le gusta comer: cosas que siempre se hacen año tras año. Son las tradiciones familiares.

Esta colección de poesía habla de tradiciones familiares. Unos niños comparten sus sentimientos sobre una tradición familiar que a ellos les gusta mucho.

Pupusas
por Nancy Quintanilla

Pupasas redonditas, buenas y ricas
Usualmente cocinadas en parrillas
Preparadas con cariño
Unicas y diferentes
Son tan ricas que me hacen sonreír
A toda hora y todo el día
Son especiales y me recuerdan a El Salvador

Te invito a mi casa

por Jesse García

Otro año ha terminado y
la familia a casa está llegando.
El aroma de tamales y pozole
Toda la casa va perfumando.
En el garaje el estéreo retumba; bailamos.

Te invito a mi casa la víspera de Año Nuevo
para que veas los techos todos decorados
con coloridas nubes de globos inflados
que a las doce en punto serán reventados.
En el garaje el estéreo retumba; celebramos.

Te invito a mi casa la víspera de Año Nuevo
cuando comemos una uva por cada mes del año.
Doce uvas, doce meses, un deseo de salud,
buena suerte y felicidad para él año que viene.
En el garaje el estéreo retumba; comemos.

Te invito a mi casa la víspera de Año Nuevo:
bailamos, celebramos, comemos y disfrutamos.
Juntos terminamos un año y otro comenzamos.
Toda la familia pasa la noche en mi casa.
En el garaje el estéreo ha callado; dormimos.

La hora de los cuentos

por Jonathan Ruiz

Recuerdo cuando era pequeño,
qué divertidos eran los cuentos
que todas las noches
leían mi mamá y mi papá.

Con los dientes cepillados
y Shamu a mi lado,
yo los esperaba paciente
ya en mi cama acostado.

Mi papá se sentaba
muy cerca de mi cama,
pero mi mamá se acurrucaba
sobre la sobrecama.

Acomodado entre mis cobijas
navegaba por un lago calmado.
Se me cerraban los ojos
y veía pasar dibujos alados.

Luego sentía un beso y un suave abrazo,
se apagaban las luces y me quedaba solo.
Los ruidos se iban con el vaivén del barco.
Así me dormía sin pena ni retraso.

Nombre _____ Fecha _____

✎ **En cada línea, escribe la letra del poema correcto.**

A. "Pupusas" **B.** "Te invito a mi casa" **C.** "La hora de los cuentos"

1. En _____, el (la) poeta describe cómo huelen, se oyen y se ven algunas cosas.

2. En _____ y en _____, el (la) poeta describe algo que le hace recordar algo feliz.

3. _____ es un poema acróstico, en el que las primeras letras de las líneas forman una palabra.

4. En _____, el (la) poeta describe una ocasión especial.

5. Hay palabras que riman en _____ y en _____.

✎ **En muchos casos los poetas comparan una cosa con otra, aunque en realidad las dos cosas no son muy similares. Pueden comparar cosas usando un símil. En un símil, se comparan dos cosas usando la palabra *como*. Pueden comparar cosas usando una metáfora. En una metáfora, una cosa llega a ser otra cosa. Contesta las siguientes preguntas.**

6. En "Te invito a mi casa", el poeta usa una metáfora para describir globos. ¿Con qué compara los globos?

_____

7. En "La hora de los cuentos", el poeta usa una metáfora para describirse a él mismo cuando está acomodado entre sus cobijas. ¿Con qué se compara?

_____

8. En "La hora de los cuentos", el poeta usa una metáfora para describir los dibujos que ve cuando se le cierran los ojos. ¿Con qué compara los dibujos?

_____

Trenzas

por Sonia Gutiérrez

En mi familia todas las niñas usan trenzas.
Algunas trenzas son grandes y gorditas,
   otras son delicadas y delgaditas.
Algunas trenzas son largas y lucientes,
   otras son apretadas y cortitas.
Yo siempre uso una sola y simple trenza
   serpenteando hacia abajo por mi espalda.
Cuando no tengo el cabello trenzado
   se enreda como espagueti en un tenedor.
Entonces mi mamá lo desenreda con cuidado,
   alisando los nudos que hay por todos lados.
Como una cascada de agua o tela de seda,
   mi cabellera queda lista para ser trenzada.

Bilingual Reading Comprehension 3, SV 9781419099106

Arroz, arroz y más arroz

por Xotchilt Alcántar

Arroz con pescado,
arroz con carne,
arroz con pollo
¡a mí me encanta comer arroz!

Es arroz, arroz y más arroz,
todos los días comemos arroz.

En la República Dominicana,
mis padres crecieron comiendo arroz
en la mañana, en la tarde y al mediodía.
En los Estados Unidos lo comemos todavía.

Es arroz, arroz y más arroz,
todos los días comemos arroz.

El arroz con leche azucarada,
canela y cáscara de limón
es la delicia de los domingos
porque tiene riquísimo sabor.

Es arroz, arroz y más arroz,
todos los días comemos arroz.

Es resbaloso y reluciente antes de cocinarlo,
es delicioso y delicado al estar terminado.
El arroz es sabroso y saludable
y lo comemos con mucho agrado.

La hora del café

por Cecy Baños

Pum…pum…pum…
   abrimos los armarios
   buscando lo que necesitamos.

Pss…pss…pss…
   silba la cafetera
   avisando que está listo el café.

Glu…glu…glu…
   ponemos leche
   en las tazas de los niños.

Clan…clan…clan…
   llevamos las tazas y los platos
   a la mesa en una bandeja.

Plo…plo…plo…
   mojamos un pedacito de pan dulce
   llamado milonga en la taza de café.

Bla…bla…bla…
   hablamos de lo que pasó hoy
   y del partido de mi hermano.

Ja…ja…ja…
   disfrutamos juntos
   en compañía de la familia.

Zzz…zzz…zzz…
   me duermo tranquila
   como una gatita que acaba de comer.

Bilingual Reading Comprehension 3, SV 9781419099106

Nombre _____ Fecha _____

✏️ **En cada línea, escribe la letra del poema correcto.**

A. "Trenzas"   **B.** "Arroz, arroz y más arroz"   **C.** "La hora del café"

1. El estribillo de un poema es una frase o línea que se repite.

En _____ hay un estribillo.

2. En _____ y en _____, varias palabras que comienzan con *s* aparecen cercanas unas a las otras.

3. En _____, hay varias palabras cuyas sonido imita su significado.

4. En _____, la poeta describe cómo se oyen, se ven y a qué saben algunas cosas.

5. Hay palabras que riman en _____ y en _____.

✏️ **Contesta estas preguntas acerca de símiles y metáforas en los poemas.**

6. En "Trenzas", la poeta usa una metáfora para describir la simple trenza que usa. ¿Con qué compara su trenza?

_____

7. En "Trenzas", la poeta usa un símil para describir su cabello cuando no está trenzado. ¿Con qué compara su cabello?

_____

8. En "La hora del café", la poeta usa un símil para describirse a ella misma cuando se duerme tranquila. ¿Con qué se compara?

_____

Name _____ Date _____

 Write the name of a story that you read. Read the question in each frame. Then fill in each frame to answer the question.

TITLE

_____

Who?

_____

_____

_____

_____

_____

Where?

_____

_____

_____

_____

What is the problem?

_____

_____

_____

_____

How is the problem solved?

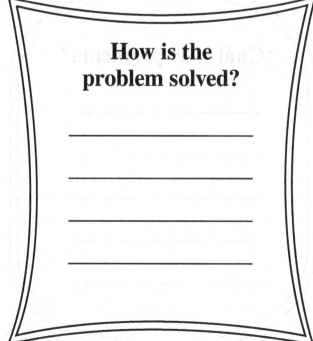

_____

_____

_____

_____

Bilingual Reading Comprehension 3, SV 9781419099106

**Escribe el nombre de un cuento o un pasaje que leíste.
Lee la pregunta en cada cuadro. En el cuadro, escribe
una respuesta para la pregunta.**

TÍTULO

_____

¿Quién?

_____

_____

_____

_____

_____

¿Dónde?

_____

_____

_____

_____

_____

¿Cuál es el problema?

_____

_____

_____

_____

_____

¿Cómo se resuelve
el problema?

_____

_____

_____

_____

_____

Name _____ Date _____

 Write the name of a story that you read.

_____

 Draw a picture to show where the story takes place.

 Tell three things that happen in the story.

1. _____

_____

2. _____

_____

3. _____

_____

Nombre _____ Fecha _____

✏️ **Escribe el nombre del cuento o pasaje que leíste.**

_____

✏️ **Haz un dibujo para mostrar dónde sucede el cuento o el pasaje.**

✏️ **Describe tres cosas que ocurren en el cuento o en el pasaje.**

1. _____

_____

2. _____

_____

3. _____

_____

Name _____ Date _____

 Write the name of a story that you read. Write the story's main idea. Then list details that tell about the main idea.

TITLE

_____

Main Idea

_____

_____

_____

_____

Detail	**Detail**	**Detail**
_____	_____	_____
_____	_____	_____
_____	_____	_____

Nombre _____ Fecha _____

✏️ **Escribe el nombre de un cuento o un pasaje que leíste. Escribe la idea principal. Enseguida escribe detalles de apoyo para la idea principal.**

TÍTULO

_____

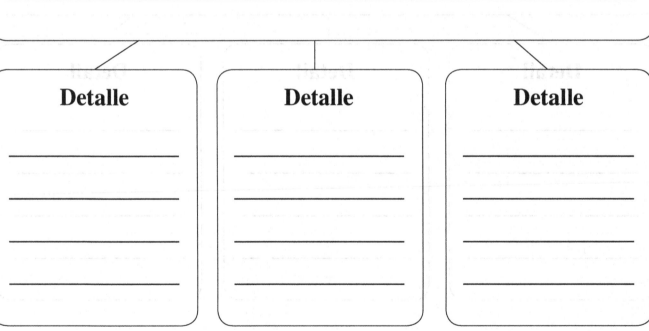

Idea principal

_____
_____
_____
_____

Detalle

_____
_____
_____
_____

Detalle

_____
_____
_____
_____

Detalle

_____
_____
_____
_____

✏ Complete this chart to gather information for a report.

REPORT TOPIC

What do I know?	What do I want to find out?	How will I find out?	What did I find out?

Nonfiction Writing
Bilingual Reading Comprehension 3, SV 9781419099106

Nombre _____ Fecha _____

✏ **Completa esta tabla para reunir información para escribir un informe.**

TEMA PARA EL INFORME

¿Qué es lo que ya sé?	¿Qué quiero aprender?	¿Cómo puedo aprenderlo?	¿Qué aprendí?

Escritura de no ficción
Bilingual Reading Comprehension 3, SV 9781419099106

Name _____ Date _____

 Write the name of a pair of stories that you read.

1. Fiction:

_____

2. Nonfiction:

_____

 Write words to show how the stories are alike and how they are different.

Just in fiction story	Same in both stories	Just in nonfiction story
_____	_____	_____
_____	_____	_____
_____	_____	_____
_____	_____	_____
_____	_____	_____
_____	_____	_____
_____	_____	_____
_____	_____	_____
_____	_____	_____

✏️ **Escribe los títulos de dos cuentos o pasajes que leíste.**

1. Ficción:

_____

2. No ficción:

_____

✏️ **Escribe palabras para indicar qué semejanzas y diferencias tienen los dos.**

Sólo en el cuento ficción	Lo mismo en los dos	Sólo en el pasaje no ficción
_____	_____	_____
_____	_____	_____
_____	_____	_____
_____	_____	_____
_____	_____	_____
_____	_____	_____
_____	_____	_____
_____	_____	_____
_____	_____	_____

Bilingual Reading Comprehension 3, SV 9781419099106

Choose a nonfiction story that you read. In each oval, write new information you learned about the topic. You can use the information to plan a report.

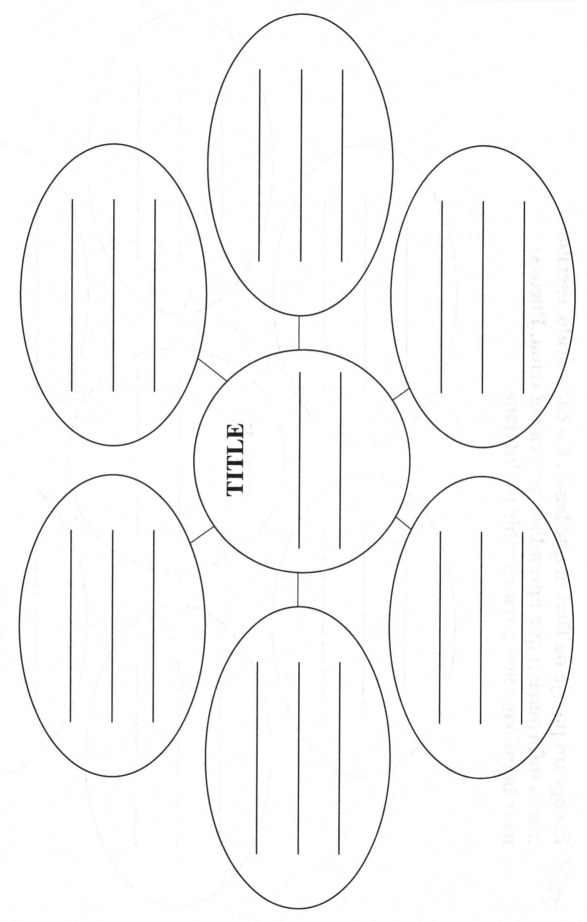

TITLE

Using New Information

Bilingual Reading Comprehension 3, SV 9781419099106

Escoge un pasaje no ficción que leíste. En cada óvalo, escribe nueva información que aprendiste acerca del tema. Puedes usar la información para escribir un informe.

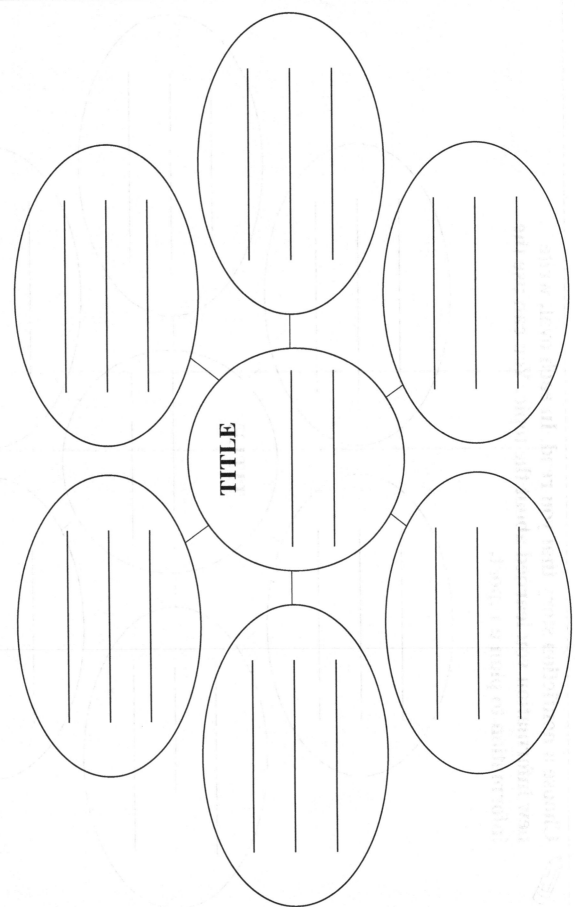

TITLE

Answer Key

Page 5
1. walk
2. brother
3. share
4. break
5. trunk
6. keep
7. key
8. open

Page 6
9. C
10. F
11. E
12. A
13. D
14. B

Page 9
1. caminar
2. hermano
3. compartir
4. romper
5. baúl
6. guardar
7. llave
8. abrir

Page 10
9. C
10. F
11. E
12. A
13. D
14. B

Page 13
1. wood is hard to come by *or* it is hard to find wood
2. Mud; straw
3. straw
4. hold up the roof
5. Insulation
6. C
7. B

Page 14
[1] Draw a plan of the house.
[9] Spray insulation on the roof and walls.
[5] Pour concrete in the forms and make it smooth.
[7] Place beams to hold the bricks over the spaces for doors and windows.
[4] In the hole, place forms that will hold the concrete.
[6] Build adobe walls on the concrete base.
[2] Use strings and stakes to mark the plan of the house on the ground.
[8] Place vigas to hold up the roof; then nail the roof onto the vigas.
[3] Dig a hole for the base of the walls.
[10] Finish the walls using chicken wire, gray cement, and colored plaster.

Page 17
1. es difícil encontrar madera
2. Barro; paja
3. paja
4. sostener el techo
5. aislante
6. C
7. B

Page 18
[1] Dibujar un plano de la casa.
[9] Poner una capa de aislante sobre el techo y las paredes.
[5] Echar concreto en las formas y luego alisarlo.
[7] Colocar tablones para sostener los ladrillos sobre los espacios de las puertas y ventanas.
[4] Instalar formas en la zanja para echar el concreto.
[6] Construir paredes de adobe sobre la base de concreto.
[2] Usar cordel y clavijas para colocar el plano de la casa sobre el terreno.
[8] Colocar vigas para sostener el techo, luego clavar el techo a las vigas.
[3] Cavar una zanja para la base de las paredes.
[10] Terminar las paredes usando tela metálica, cemento gris y yeso de color.

Page 21
1. B
2. D
3. A
4. B
5. C
6. B
7. tat tat
8. Doon da doon da doon
9. Answers will vary.

Page 22
10. C
11. D
12. E
13. A
14. B

Page 25
1. B
2. D
3. A
4. B
5. C
6. B
7. tata tata
8. Dun da dun da dun
9. Hay más de una respuesta posible.

Page 26
10. C
11. D
12. E
13. A
14. B

Page 29
1. D
2. B
3. C
4. A
Japan: 6, 7
United States: 5, 6, 7, 8

Page 30
Girls' Day: 4, 10
Boys' Day: 2, 5, 6
Both: 1, 3, 7, 8, 9

Page 33
1. D
2. B
3. C
4. A
Japón: 6, 7
Estados Unidos: 5, 6, 7, 8

Page 34
Día de las Niñas: 4, 10
Día de las Niños: 2, 5, 6
Ambos: 1, 3, 7, 8, 9

Page 37
1. B
2. D
3. C
4. A
5. The trash, ladybugs, hoe, and newspapers should be colored.
An X should be written on the milk and the swings.

Page 38
6. pick up paper and trash; put ladybugs in the garden to help the flowers; make two gardens neat and tidy; take newspapers to the recycling center
7. Answers will vary.
8. Answers will vary.
9. Answers will vary

Page 41
1. B
2. D
3. C
4. A
5. Se deben colorear la basura, las mariquitas, el azadón y los periódicos.
Se debe escribir una X en la leche y en los columpios.

Page 42
6. recoger papeles tirados; poner mariquitas en el huerto para ayudar las flores; arreglar dos huertos para que estén limpios y regados; llevar periódicos al centro de reciclaje
7. Hay más de una respuesta posible.
8. Hay más de una respuesta posible.
9. Hay más de una respuesta posible.

Page 45
1. F
2. T
3. F
4. T
5. T
6. F
7. F
8. F

Page 46
9. Give them building materials
10. Give them food
11. [4] Pour sap from buckets to big tanks.
[1] Put taps into maple trees.
[6] Boil sap until it turns to syrup.
[2] Let sap flow into bags.
[5] Take tanks full of sap to a big stove.
[3] Pour sap from bags to buckets.

Page 49
1. F
2. C
3. F
4. C
5. C
6. F
7. F
8. F

Page 50
9. Les dan materiales para construcción
10. Les dan medicina
11. [4] Echar en grandes tanques la savia que está en cubetas.
[1] Poner cañitos en los arces.
[6] Hervir la savia hasta que se vuelve miel de arce.
[2] Dejar que la savia salga y caiga en bolsas.
[5] Llevar tanques llenos de savia a una gran estufa.
[3] Echar en cubetas la savia que está en bolsas.

Page 53
Title: Hooray for *Midsommar*!
Setting:
  Time: the summer
  Place: Iowa
Main character: Olivia
Other characters: Grandpa Oscar, Mom
Main Character's Problem: Because she is Korean, Olivia is not sure she belongs in the *Midsommar* festival.
How the Problem Is Solved: Grandpa Oscar helps Olivia see that it does not matter where she was born.

Page 54
1. D
2. C
3. A
4. C
5. B

Page 57
Título: ¡Viva el *Midsommar*!
Escenario del cuento:
  ¿Cuándo sucede?: en el verano
  ¿Dónde sucede?: en Iowa
Personaje principal: Olivia
Otros personajes: el abuelo Oscar, mamá
Problema del personaje principal: Por ser coreana, Olivia tiene dudas de que pueda participar en el festival de *Midsommar*.
Cómo se resuelve el problema: El abuelo Oscar ayuda a Olivia a comprender que no importa dónde nació.

Page 58
1. D
2. C
3. A
4. C
5. B

Page 61

HORIZONTAL:
1. pray   3. cemetery
2. skeleton   4. Día

VERTICAL:
5. breads   8. November
6. mask   9. cutouts
7. Dead

Page 62
10. A   12. B
11. D   13. C

Page 65

HORIZONTALES:
1. cementerio   4. ropa
2. picado   5. foto
3. Muertos

VERTICALES:
1. cariño
2. panes
6. esqueletos
7. frutas
8. calavera
9. flores

Page 66
10. A   12. B
11. D   13. C

Page 69
1. Earth – solar system
2. our sun – Milky Way Galaxy
3. ocean – Earth
4. Milky Way Galaxy – universe
5. D
6. C
7. B

Page 70
(Answers 9–11 can be in any order.)
8. Billions of galaxies are moving outward in space like dots spreading apart when a balloon is blown up.
9. The Earth is spinning like a top.
10. The Earth is circling the sun like a ball swinging by a string on a pole.
11. The Milky Way Galaxy is slowly turning in space like a giant pinwheel.

Page 73
1. Tierra – sistema solar
2. nuestro Sol – galaxia Vía Láctea
3. océano – Tierra
4. galaxia Vía Láctea – universo
5. D
6. C
7. B

Page 74
(Las respuestas 9–11 pueden estar en cualquier orden.)
8. Muchos miles de millones de galaxias se mueven hacia afuera, tal como se alejan los puntos de un globo cuando se está inflando.
9. La Tierra da vueltas como un trompo.
10. La Tierra gira alrededor del Sol como una pelota que da vueltas alrededor de un palo.
11. La galaxia Vía Láctea rota lentamente en el espacio como un gigantesco rehilete.

Page 80
1. opinion   6. opinion
2. fact   7. fact
3. fact   8. fact
4. opinion   9. opinion
5. fact   10. fact

Page 81
As a child: 4, 6, 8
As an adult: Before traveling in space: 1, 5, 9
As an adult: Traveling in space: 2, 3, 7, 10

Page 87
1. opinión   6. opinión
2. hecho   7. hecho
3. hecho   8. hecho
4. opinión   9. opinión
5. hecho   10. hecho

Page 88
De niña: 4, 6, 8
De adulta: Antes de viajar por el espacio: 1, 5, 9
De adulta: Viajando por el espacio: 2, 3, 7, 10

Page 92
Possible answers:
Hearing: menfolk talking and laughing as they cook; Grandma talking about dessert; aunts and uncles singing; Aunt Angela's scratchy voice; Daddy's boogie-woogie music
Sight: family members arriving; cousins' fancy basketball moves; a table filled with food; Cousin Pat's fruit salad; Grandma's layer cakes; Aunt Angela peering out through her long braids; Daddy's hands flying up and down the keyboard
Smell: hickory smoke
Touch: playing basketball; chilly water in the pool; kissing and hugging each other good-bye
Taste: barbecued chicken; baked beans; ice cream; German chocolate cake

Page 93
1. F   4. I   7. C
2. D   5. A   8. B
3. G   6. E   9. H

Page 97
Respuestas posibles:
Oído: los hombres riéndose y hablando mientras cocinan; abuela hablando del postre; los tíos y tías cantando; tía Angela susurrando con voz áspera; Papá interpretando música boogie-woogie
Vista: los parientes llegando; los primos haciendo piruetas para encestar la pelota; la mesa cubierta de comida; la ensalada de frutas de la prima Pat; los pasteles de abuela; tía Angela mirando por entre sus largas trenzas; las manos de papá bajando y subiendo del teclado
Olfato: aroma a barbacoa
Tacto: jugando al baloncesto; el agua refrescante de la piscina; despidiéndose a los parientes con besos y abrazos
Gusto: pollo a la brasa; frijoles; helado; torta de chocolate

Page 98
1. F   4. I   7. C
2. D   5. A   8. B
3. G   6. E   9. H

Page 102
1. B
2. A; C
3. A
4. B
5. C
6. New Year's perfume
7. a sailboat on a lake
8. colorful candy clouds

Page 106
1. B
2. A; B
3. C
4. C
5. B
6. a snake
7. spaghetti on a fork
8. a kitten after a bowl of milk

Page 110
1. B
2. A; C
3. A
4. B
5. B; C
6. coloridas nubes
7. un barco
8. pájaros

Page 114
1. B
2. A; B
3. C
4. C
5. A; B
6. una serpiente
7. espagueti en un tenedor
8. una gatita que acaba de comer

Answer Key
Bilingual Reading Comprehension 3, SV 9781419099106